P9-CLZ-041

Pablo Picasso

Pablo Picasso
¡Yo, el rey!

Blanca Inés Gómez

Gómez Buendía, Blanca Inés
Pablo Picasso / Blanca Inés Gómez Buendía. — Bogotá:
Panamericana Editorial, 2004.
140 p ; 21 cm. — (Personajes)
ISBN 958-30-1353-6
1. Picasso, Pablo, 1881-1973 I. Tít. II. Serie
927.5 cd 20 ed.
AHV7253

CEP-Banco de la República-Biblioteca Luis Ángel Arango

Editor
Panamericana Editorial Ltda.

Dirección editorial
Conrado Zuluaga

Edición
Javier R. Mahecha López

Diseño, diagramación e investigación gráfica
Editorial El Malpensante

Cubierta: Pablo Picasso fotografiado en 1962 por Horst Tappe
© Hulton Archive-Getty Images

Primera edición, octubre de 2004
Primera reimpresión, abril de 2005
© Panamericana Editorial Ltda.
Texto: Blanca Inés Gómez Buendía
Calle 12 N° 34-20, Tels.: 3603077–2770100
Fax: (57 1) 2373805

Correo electrónico: panaedit@panamericanaeditorial.com
www.panamericanaeditorial.com
Bogotá D. C., Colombia

ISBN 958-30-1353-6

Impreso por Panamericana Formas e Impresos S.A.
Calle 65 N° 95-28, Tels.: 4302110–4300355, Fax: (57 1) 2763008
Quien sólo actúa como impresor.
Impreso en Colombia
Printed in Colombia

"Si uno sabe con exactitud lo que tiene que hacer mejor no lo hace".

Pablo Picasso

¡Yo, el rey!

Pablo Diego José Francisco de Paula Juan Nepomuceno María de los Remedios Crispín Crispiano Santísima Trinidad Ruiz y Picasso, tal es el nombre con el cual fue bautizado quien después sería la figura más representativa e innovadora del arte en el siglo XX.

Su madre decía que era un ángel y un diablo de belleza. Vio el mundo el 25 de octubre de 1881. Sus ojos, negros como azabache y quemantes como brasa, fueron impactantes para todos aquellos que lo conocían. Al parecer no eran demasiado grandes ni demasiado negros, sino que los abría desmesuradamente dejando ver su parte blanca. Sus párpados anchos producían una mirada fija un tanto alucinada y loca. Sus ojos causaban un perpetuo asombro. Los heredó de su madre, mujer enérgica y alegre.

“Diamantes negros”, “ojos como brasas”, “ojos de azabache”. Contrariamente a lo que se dice, a lo que se cree, no eran ni anormalmente grandes ni anormalmente oscuros. En Goethe una conformación similar asombraba a Schopenhauer.

En Málaga, en la Costa del Sol, nació y nació muerto... ¿historia o leyenda? Picasso se encargó de repetirla siempre.

Pero tan inusitada como su muerte fue su resurrección: su tío el doctor Salvador Ruiz le arrojó sobre la cara una bocanada de humo y el bebé dio un grito. Había nacido un genio en el seno de una familia de clase media con ascendientes aristócratas. Don José Ruiz Blanco, el padre de Picasso, era el penúltimo de una familia numerosa que se preciaba de haber tenido entre sus antepasados a un arzobispo y virrey y capitán general del Perú, don Juan de Almoguera. El comercio era la actividad central de la familia, el abuelo paterno fabricaba guantes para las burguesas malagueñas y varios de los tíos de Picasso ejercieron profesiones liberales, un médico, un diplomático, un canónico de la catedral.

Sabemos ahora que el arte no es la "verdad". El arte es una mentira que no permite acercarnos a la verdad, por lo menos a la verdad que nosotros podemos discernir.

El padre de Picasso, montañés de León, era un tanto vividor. Apodado "el inglés" por su porte alto, delgado, de ojos azules, pelirrojo y piel muy blanca. Vivió de su hermano canónico y fue entusiasta de los burdeles, instituciones por entonces bastante curiosas; en los de clase alta, por ejemplo, las prostitutas esperaban a sus clientes en salas señoriales, dedicadas a tejer, a bordar y a la lectura. Pintor de "cuadros de comedor", contribuyó en la vocación del hijo. Bromista. En alguna ocasión compró un huevo crudo y al succionarlo de un sorbo, de su boca salió una moneda de cinco pesetas con la que pagó a la mujer. Uno tras otro succionó media docena de huevos y tras de esto siempre aparecían las monedas, por lo que la mujer quebró todos los huevos que le quedaban en la canasta con la esperanza de encontrar más monedas.

Pero además de bromista era misántropo, decía que cuando más le gustaban sus amigos era cuando se habían ido. Tenía con ellos una tertulia donde se bailaba, se cantaba y se debatía sobre distintos temas, y siempre al salir de ella se iba con sus amigos a "las casas de cita", que indefectiblemente quedaban a espaldas de la iglesia, según la tradición española.

A los treinta y ocho años, por presión de sus padres, se vio obligado a trabajar e ingresó como profesor a la Escuela de Artes de Málaga. Se casó con una joven, María Picasso López, que tenía por entonces veinticinco años de edad, de menor condición social, sin dote y en lo físico rechoncha, pelinegra y ojinegra. Era lo más opuesto a su esposo alto, pelirrojo y ojiazul. Bien hubiera querido el hijo parecerse al padre, pero era a la madre a quien se parecía, hasta en la baja estatura. Por eso, cuando le decían que lo tenía todo afirmaba que le faltaban diez centímetros. Según decía él su madre era tan pequeña que "sus pies no alcanzaban el suelo cuando se sentaba".

El padre de María, aventurero, viajó a Cuba y pronto dejó de escribir a su familia. Dueño de extensos viñedos en Málaga, murió quince años después de emigrar. Cuando aspiraba a regresar adquirió en el trópico la fiebre amarilla. Anticipadamente embaló los baúles, que permanecieron siempre cerrados. Este hecho marcó los recuerdos del futuro pintor.

La madre viuda y los viñedos destruidos por la plaga obligaron a Elodia y a Heliodora, las tías, a bordar galones para gorras y chaquetas de los ferroviarios de Andalucía. Por ese entonces se enamoraron José y María, que eran vecinos: él vivía en la plaza de Granada, con su hermano el canónico, y ella en la de la Merced, muy cercanas la una de la otra. José Ruiz, ya solterón, con cuarenta y dos años, se casó a instancias del canónigo, su tío, con María que tenía veinticinco.

Para poder contraer matrimonio y sostener a la familia tuvo que conseguir un segundo empleo como curador del nuevo museo municipal, gracias a las buenas influencias de su tío Salvador. A los nueve meses de matrimonio María quedó embarazada, y Pablo, su primogénito, nació, como hemos dicho, el 25 de octubre de 1881.

Vivió entre las mujeres de su familia, la abuela, la madre, las criadas y las tías maternas, que lo llenaron de consentimiento, protección y mimo, capricho y machismo. Dos hermanas mujeres, Dolores, *Lola*, y Concepción, *Concha*, completaron el ambiente delicado y femenino que lo rodeó. Tales circunstancias podrían explicar en el futuro el trato con las "mujeres" de su vida. Si el adagio popular dice que "hay que aspirar a presidente para llegar a policía", su madre sembró en él el deseo constante de superación, con otro decir: "¡Si llegas a ser soldado, serás general. Si cuando seas mayor eres monje, llegarás a ser Papa!"(Gilot, 1964). A la educación de las mujeres se agregó así la de la autosuficiencia. A los diecinueve años, en 1900, hizo su primer viaje a París y firmó tres veces un autorretrato, hoy perdido, con el nombre *Yo, el rey.*

El niño precoz

El pequeño Pablo dio desde la cuna muestras de su espíritu genial: la primera palabra que aprendió fue *piz* para decir lápiz. El alborozo de sus tías fue desbordante, pero el más sorprendido fue su padre, quien para ese entonces era profesor de dibujo y famoso y requerido en Málaga por sus cuadros de palomas profundamente realistas.

Picasso siempre se preció de no haber dibujado nunca como niño, de haber sido ingenuo y de pintar desde siempre con minucia y exactitud. Era negado para las matemáticas y tenía grandes dificultades para leer y escribir. Cuando tenía seis años ingresó al colegio, al que le tomó verdadera aversión. La criada tenía que obligarlo y llevarlo arrastrado. No le interesaba sino pintar y no ponía para nada cuidado al maestro. El mundo de la seguridad de su casa y el abrigo de sus tías se alejaba. Tuvieron que matricularlo en un colegio privado donde pasaba horas dibujando en la cocina.

Para él los números no eran conceptos sino formas, por eso decía que la nariz de la paloma era un siete al revés y el ojito redondo como un cero. Todos estos recuerdos se los contó a su amigo íntimo Jaime Sabartés. Nunca podremos saber hasta qué grado fueron idealizados. Se dice también que antes de aprender a hablar dibujaba espirales, que era la forma de los "churros" de entonces para que su madre y sus tías se los obsequiaran. Mucho es lo que se ha dicho de la precocidad del infante.

De su padre también aprendió la habilidad para modificar y reinventar los objetos y hacer, por ejemplo, una virgen dolorosa de una diosa clásica. Allí está el origen de los *collages* de su época cubista y de las esculturas hechas con objetos que recoge de la basura. Como lo expresaría más tarde Brassaï, el fotógrafo, en *Las conversaciones*, "no hay duda de que la seducción de la materia ha tenido siempre una importancia primordial en su creación" (Brassaï, 2001). Veía a su padre preparar la composición de los cuadros con siluetas de palomas recortadas y utilizar las patas naturales de las aves para guiarse en el dibujo.

Malos tiempos llegaron para José Ruiz en Málaga, el museo municipal se cerró y él, protegido de don Salvador, consiguió un puesto de profesor de dibujo en la Escuela de Bellas Artes de La Coruña con el doble del salario que se ganaba como profesor en Málaga. La familia se embarcó a bordo de un carguero que se dirigía a Inglaterra, rumbo al nordeste de la costa española, donde la suerte no le sonrió tampoco a la familia. Allí murió Conchita, la menor de la casa, a los siete años, víctima de una difteria. Picasso, queriendo salvarla, hizo la promesa de dejar de pintar si su hermana no moría, y al morir ella sintió que Dios era malo pero agradeció no tener que abandonar su arte. El sentimiento de culpa que le generó la muerte de su hermana lo acompañaría siempre.

La independencia

Para Pablo dejar Málaga no fue tan malo como para su familia. Representó ganar la libertad. Se alejó por fin del entorno doméstico y femenino de su infancia. Él recuerda que por entonces perteneció a una pandilla de la cual era el líder y organizaba corridas que escenificaban en sus juegos. Aburrido don José por la soledad y la falta de sus amigos y viendo ya las dotes de Pablo, abandonó la pintura. Le "entregó los pinceles", gesto inolvidable para el hijo.

Esta versión, recogida 40 años después en el relato de Sabartés, al parecer tampoco es totalmente cierta porque hay cuadros pintados con posterioridad a esta fecha, firmados por don José, si bien el gesto fue profundamente significativo.

De lo que sí no cabe duda es de la presencia de un mundo imaginario que regresa una y otra vez en los cuadros del artista, el litoral marino y la playa. Saint-Tropez, Juan-les-Pins y Cap d'Antibes son lugares que siempre se asocian a su pintura. Pero también las casetas, tan frecuentes en sus cuadros, son el recuerdo de esas playas donde jugaba con sus amigos.

Como estudiante tampoco obtuvo buenos resultados en La Coruña. Allí se hacía castigar para que lo enviaran a un salón solo, donde había un banco por todo mobiliario, y pasaba horas enteras pintando en su libreta de apuntes. Un año después de haber llegado a La Coruña, con once años de edad, se matriculó en la Escuela de Bellas Artes para seguir estudiando simultáneamente bachillerato y pintura.

Sus progresos fueron grandes, sobre todo en el retrato (ancianos barbudos, un mendigo con gorra, un canoso peregrino del camino de Santiago), y a los catorce años ya era un artista consagrado, pues un año antes había hecho su primera exposición, que fue aplaudida por la prensa. Siempre tuvo la conciencia de que todo arte, como se lo dijo a Apollinaire, es producto de un trabajo no sólo material, sino intelectual.

Pero La Coruña le reservaba una sorpresa más: la del amor. Se enamoró de una compañera del colegio, Ángela Gil, cuyas iniciales aparecen en las márgenes de los cuadernos. Pero Ángela era de una clase social superior a la suya y los padres resolvieron enviarla a Pamplona. Dolorosa experiencia que le impidió a Pablo por mucho tiempo incursionar de nuevo en el amor.

La oportunidad de dejar La Coruña, una ciudad de provincia, para instalarse en un centro artístico como era Barcelona, se dio cuando un profesor solicitó un cambio de plaza para La Coruña. El viaje se hizo esta vez en tren, con una parada en Madrid para visitar el Prado y conocer las obras de Goya, Ribera, Zurbarán, Velásquez y, sobre todo, *Las Meninas* de este último. De allí se desviaron a Málaga, donde Pablo exhibió sus cuadros y consiguió su primer mecenas: el tío Salvador. El retrato de un pescador que lo acompañó mucho tiempo en su casa fue la obra más notable de esta época.

Aprovechó su estadía en su tierra natal para retratar a su familia, pero la tía *Pepa,* solterona que se pasaba encerrada rezando por el eterno descanso del alma de su hermano el canónico, se negó rotundamente a posar. Sin embargo, al año siguiente, para sorpresa de todos y sin que nadie se lo pidiera, se presentó un buen día toda vestida de negro y con una mantilla de encaje, lista para posar. Este retrato es ya una obra de arte, porque capta el carácter de la solterona.

La familia Ruiz llegó a Barcelona en septiembre de 1895, donde el joven pintor pasó cinco años de su adolescencia, época que tiene para él gran influencia. Barcelona, para este tiempo, era una ciudad de 600 mil habitantes. Se dedicó, a instancias de su padre, a la pintura de cuadros religiosos, que tenían gran demanda en la época.

Su familia era muy devota por tradición y la muerte de Conchita era aún reciente. Don Salvador era el miembro más rico de la familia y el más devoto, por lo cual apoyó con entusiasmo que el sobrino se dedicara a los cuadros religiosos. En Barcelona había por aquel entonces concursos de arte religioso con premios considerables en dinero, y don José ordenó a su hijo que terminara un cuadro titulado *Primera comunión*. El padre mismo posó como modelo, su hermana Lola era la comulgante y el hijo de un amigo de su padre posó como monaguillo. Picasso tenía entonces sólo catorce años y ya era un pintor con las bases que la academia podía darle. Cada uno de los protagonistas tiene una presencia singular. La ropa, los candelabros y el altar están dibujados con gran minuciosidad y detalle. El cuadro respira catolicismo desde el sentimiento mismo de los objetos que entran en la escena. Los cirios, el velo de la comulgante, el roquete del monaguillo están trabajados desde la inmanencia de los objetos. De allí el fervor religioso que el cuadro transmite.

Seductor y mujeriego

Simultáneamente, Pablo visitaba los burdeles, lo cual no dejaba de ser paradójico pues de una parte pintaba cuadros religiosos y de otra frecuentaba las casas de lenocinio. Se dice que a los dieciséis años sabía más cosas sobre el sexo de las que un hombre corriente llega a saber en toda su vida. La leyenda afirma que fue una personalidad de un magnetismo poco corriente desde su primera adolescencia y a las prostitutas les resultaba irresistible. No se sabe si ellas no le cobraban o sus amigos lo invitaban de vez en cuando. Al parecer, su amigo Manuel Pallarés, cinco años mayor que él, a quien conoció en la escuela de pintura, costeaba sus andanzas a condición de que sus padres lo invitaran a comer los domingos. Los dos amigos, de veinte y catorce años, paseaban juntos por las Ramblas, dibujaban juntos, iban juntos a los cafés; la amistad de Pallarés fue una de las más significativas y perdurables en la vida del pintor. A los noventa años todavía lo visitaba durante el verano en Mougins.

El poeta Tristan Tzara cuenta que la primera relación amorosa de Picasso fue con una joven alta y delgada, de cuerpo magro y pelo rojo, muy parecida a su padre:

> ... encontró la manera de perder la virginidad. Incluso antes de las vacaciones le había echado el ojo a una muchacha que servía vino en el bar en el cual él tenía su estudio secreto. Era una joven alta y delgada, distinta a las mujeres voluptuosas hacia las que se sienten atraídos la mayoría de los varones vírgenes, pero tenía un sentido del humor muy verde y le hacía reír. Ella contó después que un día mientras reían juntos, él la arrinconó contra un barril y "se hizo hombre". Viendo el cuerpo magro de la chica y su pelo rojo, le dijo a un amigo que había sido como "follarse a su padre" (Mailer, 1997).

A partir de esta época comenzó a abandonar el apellido del padre y en 1901 adoptó definitivamente el Picasso de su madre, más sonoro, que, según él mismo, asimilaba con los apellidos de Matisse, Poussin y *el Aduanero* Rousseau. Este nombre sonaba mejor al oído y, sin duda, sugería un pintor más interesante de lo que podía hacerlo el nombre más corriente de Pablo Ruiz. De esta manera se identificó con su madre, con quien tenía, como hemos dicho, enorme parecido físico.

En Barcelona, por ese entonces, tuvo también su primera amante, Rosita del Oro, a quien frecuentó cinco o seis años. Las artes de seducción del artista debían ser suficientes para retener a su lado a una vedette de su tiempo, a pesar de su corta edad. Dicen que también maravilló con sus pinturas a las damas de los burdeles y llenó de cuadros, dibujos y pinturas las paredes de esos establecimientos. Desde entonces un mito lo acompañó: la actividad sexual incrementa la capacidad creadora y determina el axioma vital arte-vida. De igual manera, su pintura se hacía más intensa, y cuando pintaba a sus mujeres las captaba con una línea palpitante y voluptuosa.

Pintó un magnífico cuadro, *Ciencia y caridad* (1897), que fue duramente criticado en Madrid, donde formó parte de una exposición. Resulta interesante señalar cómo esas críticas apuntaban a desentrañar el erotismo que estaba oculto en una escena piadosa y la inadecuación del magnífico espejo que cubre la pared de una habitación pobre. Don José le regaló el cuadro a don Salvador, quien gratamente impresionado decidió enviar a su sobrino a estudiar a Madrid en la Academia Real de San Fernando, la más prestigiosa de toda España. Los dibujos que le darían acceso a la academia los elaboró en un día.

Su estancia en Madrid duró ocho o nueve meses: muy pronto se dio cuenta de que no tenía mucho que aprender, pues era una academia tan tradicional como la de Barcelona. El director había enviado cartas a su padre donde le informaba sobre la inasistencia, el carácter bohemio y la falta de trabajo del pintor. Él se sentía perdiendo el tiempo y dejó de asistir. Don Salvador no le envió más dinero y Pablo vivió únicamente con el apoyo de su padre. Llevó, por entonces, una vida bohemia de buhardilla en buhardilla. Encaramado en andamios copiaba en el Museo del Prado los cuadros de Goya y viajaba a Toledo para admirar la obra del pintor manierista El Greco.

Picasso quería estudiar en Munich o en París, pues le parecía que España no era sitio para un pintor. Se burlaba de sus maestros y llegó a pintarlos entre los personajes del *Entierro del conde de Orgaz*. Enfermó de escarlatina y, ya decepcionado de Madrid, regresó a Barcelona, donde permaneció poco tiempo. La guerra entre España y Estados Unidos se avecinaba. El acorazado estadounidense *Maine* fue hundido en el puerto de La Habana y la guerra era inminente.

Se refugió entonces con Pallarés en las montañas de Aragón, en Horta, un pueblo pintoresco donde permaneció ocho meses que fueron definitivos para su carrera. Comenzó a dibujar escenas de la vida campesina: trigales, molinos, pastores y leñadores, pero también cabras y corderos. "Trató siempre —dice Brassaï— de observar la naturaleza. Deseó y buscó la semejanza, una semejanza más profunda, más real que lo real, llegando hasta lo surreal" (Brassaï, 2001). Todas las tardes, cuando terminaba de pintar, se reunía con su amigo Pallarés. Disfrutaba viendo trabajar a los empleados del molino y echaba una mano en el trabajo que se estaba haciendo, entraba el heno, ayudaba a hacer pasteles de higo seco o iba al pueblo para ayudar al herrero a moldear los fuelles y a herrar los caballos. Por eso él decía con frecuencia: "Aprendí lo que sé en el pueblo de Pallarés".

Con un rito gitano, señal de eterna fidelidad, selló una experiencia homosexual con un joven pintor de quince años. Según el rito gitano los amantes deben mezclar su sangre practicándose una herida en la muñeca con un cuchillo. Cuando el gitano despertó y comprobó que se había unido con otro hombre, y no de su propia raza, huyó. Del gitano aprendió el significado del canto de los pájaros y el remoto movimiento de las estrellas (Gidel, 2003). Para un joven de ciudad como él, era el símbolo de la libertad y la encarnación de un mundo sagrado. Esta cercanía al mundo rural se refleja en la predilección por los materiales humildes o rudimentarios que ingresarán con él al arte: papel, carbón, cuerdas, clavos y telas.

La experiencia campesina le marcó la vida y le hizo apreciar el valor de las cosas sencillas. Aun cuando llegó a ser poderosamente rico valoró la sencillez de la vida cotidiana. Acompañaba sus comidas con agua y sólo en ocasiones, cuando recibía amigos, con vino. Fue frugal siempre en su alimentación.

Al parecer fue en Horta donde dicen que Picasso presenció la autopsia de una anciana y de su nieta que habían muerto víctimas de un rayo. Para verificar la causa de la muerte los cadáveres fueron diseccionados. En un cobertizo a media luz, alumbrado por un farol de enterrador, el vigilante hizo un corte con su sierra que partió la cabeza de la joven en dos mitades hasta el cuello. Para sus biógrafos, tan sangriento episodio causó un efecto tan profundo en Picasso que lo llevó a pintar a lo largo de los años innumerables variaciones sobre el tema. Por supuesto, las cabezas abiertas y los perfiles dobles tienen un origen eminentemente pictórico en el arte de Picasso, pero la anécdota deja ver el carácter legendario del "mito Picasso".

Cuando llegó de nuevo a Barcelona se matriculó en el Círculo Artístico, donde la educación era menos formal y acartonada. Fue precisamente en el invierno de ese año, 1899, cuando conoció a quien sería su secretario privado hasta su muerte, Jaime Sabartés, joven burgués con pocos atributos físicos, quien no triunfó en su carrera artística pero dejó un texto invaluable para el conocimiento del autor: *Picasso: Portraits et souvenirs*, que fue publicado casi 40 años después de ellos haberse conocido. Entre los dos surgió una estrecha amistad basada en la broma constante: lo pintaba a veces como un poeta decadente coronado de rosas y en otras ocasiones como un poeta soñador en una actitud que no tenía nada que ver con Sabartés.

Sabartés, quien terminó siendo 35 años después su secretario privado, recuerda a Picasso en ese primer encuentro como un joven con una mirada profundamente triste y una personalidad muy atractiva, que, a pesar del silencio que regularmente lo acompañaba, irradiaba un cierto magnetismo que muy rápidamente lo llevó a ser la cabeza visible del café Los Cuatro Gatos, círculo de pintores de la Barcelona de entonces.

No hay que olvidar que para 1899 Barcelona vivía el auge del modernismo, una de cuyas divisas era la búsqueda de la libertad. El modernismo urgía al artista a desempeñar todos los papeles que fueran necesarios para fortalecer el espíritu del cambio: había que estar dispuesto a ser pintor, escultor, cartelista, dramaturgo, actor y hasta propietario de un café o arquitecto o decorador. Se proclamaba el fin de las jerarquías. El pintor más notable del modernismo de Barcelona decía en su manifiesto publicado dos años antes de la llegada de Picasso con su familia a Barcelona: "(Queremos) traducir las verdades eternas en salvajes paradojas: vivir de lo anormal, de lo extraordinario, de lo monstruoso, expresar el horror de la mente racional cuando contempla el abismo" (Mailer, 1997).

Veintidós meses estuvo Picasso en la ciudad y pese a la intensa actividad del círculo pintó innumerables bocetos y dibujos. Uno de sus temas preferidos fue la tauromaquia. Para pagar la boleta de las corridas vendía en la puerta de la plaza de toros apuntes rápidos con el tema taurino. Por esa época se puso de moda la pintura de los personajes de los bajos fondos citadinos. Mendigos, miserables y enfermos fueron los nuevos temas de la pintura. Como se verá, este asunto caracterizó la temática y la técnica del pintor que se conoce con el nombre de "la época azul".

Contra lo que podría esperarse, la primera exposición del artista fue un fracaso desde el punto de vista comercial. Se exhibieron 150 retratos de personas del común en la galería del círculo, y sólo algunos clientes de la galería compraron sus propios retratos y los restantes quedaron para el dueño de la galería. Con los años la viuda de éste los vendió a precios considerables. Por ese mismo tiempo Picasso recibió la autorización para representar a España en la Exposición Universal de París. El cuadro elegido fue *Últimos momentos,* un gran lienzo que representaba a una mujer en su lecho de muerte acompañada por un joven sacerdote.

Este cuadro marcó definitivamente el final del academicismo. Si para don José era el triunfo de los buenos consejos a su hijo, para éste era el final de su etapa de formación. Picasso pintó sobre él pocos años después una de las pinturas más importantes de su época azul, pero el cuadro se dio por perdido hasta 1978 cuando una radiografía reveló que la pintura, *La vida,* estaba superpuesta a la obra desaparecida.

París

A los diecinueve años y con un buen número de dibujos bajo el brazo, Pablo partió para París. Había pintado cuadros de colores alegres y muy españoles, como las corridas de toros, muchachas con abanico y trajes típicos, que esperaba vender para sobrevivir. Llegó con su amigo Carlos Casagemas, por aquellas coincidencias de la vida, a la recién inaugurada estación de Orsay, que desde 1985 es la sede en París del Museo de los Impresionistas, y se fueron en busca de un taller en Montparnasse donde residían los artistas. Al grupo se unió después Pallarés, quien había permanecido un tiempo más en Horta decorando la iglesia del pueblo.

Casagemas, el hijo más joven de una familia rica, era excesivamente consentido. Tuvo una aventura platónica con la hija de una de sus hermanas, posiblemente motivada por su adicción a la morfina y al alcohol. Durante un año, él y Pallarés fueron íntimos amigos y, curiosamente, Casagemas siempre se devolvía de la puerta del burdel; después se sabría de su impotencia.

Pronto conocieron mujeres de París: Picasso entabló relaciones con Odette, Casagemas se enamoró perdidamente de Germaine y a Pallarés le quedó Antoinette. Casagemas, Pallarés y Picasso vivían juntos con las tres mujeres, que se presentaban como modelos y habían posado para algunos artistas catalanes que vivían en París. Establecieron una especie de pacto para poder pintar. Pallarés decía en una carta:

> Yo trato de pintar lo que he encontrado y no lo que busco. En el arte las intenciones importan poco. Un proverbio español dice: "Obras son amores, y no buenas razones".

> Hemos decidido que hemos estado levantándonos demasiado tarde y comiendo a deshoras y todo iba mal. Además de todo esto, una de ellas, Odette, empezaba a volverse ronca por el alcohol (tenía la buena costumbre de emborracharse todas las noches). Así que llegamos a la conclusión de que ni ella ni nosotros nos vamos a ir a la cama más tarde de las doce y que vamos a terminar de comer todos los días a la una.

La situación fue desastrosa para Casagemas. Hacer el amor en aquel estudio donde todos estaban pendientes no dejaba de ser un imposible, mucho más para él que lo había querido evitar no yendo nunca a los burdeles. En medio de esta liberación orgiástica Casagemas sufrió un estado de angustia sexual y unos celos desmesurados. Hablaba de Germaine como de su "prometida", a pesar de que ella se había burlado una noche de su impotencia. Quería serlo todo para ella y siempre pensó en el suicidio.

Montmartre tenía grandes sorpresas para un pintor como Pablo. El Sacré-Coeur estaba recién construido y las calles permanecían llenas de parejas besándose y de taberneros que atendían a un público que llegó a ser muy conocido y cotidiano. Montparnasse era como un pequeño pueblo, vivía allí poca gente y todos se conocían.

La suerte lo acompañaba: su arte comenzó a ser vendido y a formar parte de colecciones. En este período, acorde con los preceptos modernistas intentaba ganarse la vida con los carteles, las ilustraciones para revistas, los retratos de sus amigos al carbón, pastel y lápiz y cualquier otra cosa que se le presentara. Pronto comenzó a vivir del arte. Para don José, que nunca fue otra cosa que profesor de dibujo, los triunfos de su hijo le demostraban sus propias limitaciones, pero seguía, no obstante, esperando su regreso para que concluyera los estudios en la Lonja.

El mundo de París era definitivamente el de Picasso. Entró de lleno al "período azul", pintaba los personajes cotidianos de Montmartre, niñeras, bailarinas de cancán, prostitutas con fuertes maquillajes, bohemios, vagabundos y todos aquellos personajes que trasegaban por las calles.

Los impresionistas comenzaron a gravitar en el mundo de Picasso: sentía especial admiración por Renoir y por Toulouse-Lautrec, artistas que habían pintado escenas del Moulin de la Galette, sala de baile situada en Montmartre, muy concurrida por la pequeña burguesía parisina. La tela de Toulouse-Lautrec titulada, como la de Renoir, *Le Moulin de la Galette,* le sirvió para hacer su propia recreación del recinto de diversión. En ella recogió el claroscuro de la tradición española; las luces amarillas y los colores brillantes de los vestidos femeninos contrastan con las ropas oscuras de los hombres y la penumbra de la sala.

En el óleo de Toulouse-Lautrec las mujeres dominan a los hombres. Son adorables, coquetas y seguras. Por aquel entonces las grandes salas de Europa, en la Praga de Klimt y en el París de Toulouse-Lautrec la mujer es el centro de la vida, impacto que no dejó de causar sorpresa a Picasso. Esta liberación de la mujer y ese saber manipular al hombre estaba bien lejano de sus experiencias en España.

Ya para 1900 Picasso tenía conocimiento del arte contemporáneo y una sólida formación en la pintura del siglo XIX; admiraba particularmente el arte de Ingres y Delacroix.

La Navidad de aquel año lo llevó de regreso a España. Pasadas las fiestas de fin de año, Pablo, quien viajaba con su amigo Casagemas, empacó maletas para ir a Málaga. Esperaba sorprender a su tío Salvador por su nueva situación económica, pues había conseguido en París un marchante, Pere

Mañach, que compraría gran parte de sus obras pagándole con un sueldo mensual. Éste había cancelado 100 francos por tres pasteles de Picasso sobre las corridas y los vendió a otro marchante por 150, hecho que lo llevó a hacerle la oferta del pago mensual. El aspecto de los dos pintores de pelo largo y descuidado y con trajes a ojos vista gastados y con más uso del que se esperaba, causó el efecto contrario. El tío Salvador no lo quiso recibir y lo envió donde el peluquero y el sastre.

Esta fue la última vez que volvió a Málaga y a visitar a su familia, pues finalmente descubrió que tenía poco en común con ellos. Luego viajó a Madrid, donde su primera experiencia no le había dejado buenos recuerdos, y se alojó en una pequeña buhardilla con escasos objetos, entre ellos un brasero para calentarse en el invierno. Se iluminaba con una vela engastada en una botella y se dio a pintar los tipos humanos que encontraba en la ciudad, particularmente las mujeres y, sobre todo, las prostitutas.

Una segunda muerte ayudó a fijar aún más el carácter del artista: la de Casagemas, que inútilmente había recorrido con Picasso los burdeles de Málaga queriendo olvidar a Germaine, a quien le enviaba dos cartas diarias rogándole que se casara con él. Ella, cuando supo que su enamorado regresaba a París, volvió con su marido para exhibirse ante él. Casagemas abrigaba aún algunas esperanzas, y llegó muy elegante y bien puesto estrenando un vestido verde, a la estación donde lo esperaba Germaine.

La supuesta infidelidad de Germaine lo llenó de celos y quiso matarla, ella huyó por entre las mesas de la taberna donde estaban y se escudó detrás de Pallarés, quien alcanzó a hacerle el quite a la pistola que lo amenazaba. Se oyó entonces un tiro y un *"Voilà pour toi!"*, el cuerpo de Germaine se desplomó al suelo. Casagemas, pensando que había concluido su revancha, gritó de nuevo *"Voilà pour moi!"* y se disparó un tiro en la cabeza que acabó con su vida. A Picasso la muerte del amigo lo llevó a concluir la inutilidad de las complicaciones sentimentales y a exaltar el autodominio como una de las mayores virtudes humanas.

Había tomado en arriendo por un año una buhardilla, pero no permaneció más de tres meses en Madrid, ciudad a la que nunca volvería. Se dirigió de nuevo a Barcelona, donde esperaba preparar la exposición de París y completar los cuadros que colgaría en la Sala Parés, donde los burgueses acudían los domingos después de misa. Para aprovechar los lienzos de las pinturas anteriores comenzó a pintar con pinceladas gruesas cargadas de color. La víspera de la inauguración de la exposición se enteró de que también se expondrían los retratos de otro pintor y resolvió salir intempestivamente para París.

De nuevo en la estación de Orsay y con el recuerdo vivo de Casagemas, pero esta vez acompañado de un nuevo amigo, Jaume Andreu Bonsons, llegó a París tan sólo seis meses después de su partida, para entregar a su marchante Mañach las obras destinadas a la exposición de Vollard, otro marchante de arte famoso por aquel entonces en París. Los dibujos y pasteles que llevaba Picasso eran insuficientes y se vio obligado a trabajar a marchas forzadas: tuvo que hacer hasta tres cuadros por día.

Ambroise Vollard tenía vínculos de amistad con Renoir, Degas, Pissarro y Cézanne, de quienes había exhibido tempranamente sus cuadros. Tenía pocas dotes físicas y Picasso siempre se burló de él. Finalmente, en la exposición de Vollard se exhibieron 64 obras y vendió la mitad de ellas. La exposición, a pesar de los precios reducidos a que fueron vendidas las obras, fue un éxito. La fama empezaba a golpear a la puerta de ese joven talento. Los críticos tempranos comenzaron a señalar las virtudes de una pintura donde el color tenía un valor por sí mismo y los temas eran solamente motivos para descubrir los juegos multicolores de los objetos. De igual manera subrayó la deuda de Picasso a la tradición de la pintura española, pero también a Delacroix, Manet, Monet, Van Gogh, Pissarro, Toulouse-Lautrec y Degas.

Al llegar a París, Picasso no buscó nuevamente el amor de Odette, sino el de Germaine, la amante de su desaparecido amigo, quien por entonces lo era de Manolo, un amigo escultor. Los celos de Odette y de Manolo quedaron inmortalizados en los dibujos de Picasso. En uno, los nuevos amantes son sorprendidos por Odette. En otro, Germaine está entre Picasso y Manolo y éste mira con furia a su rival.

Fue precisamente en la exposición de Vollard donde conoció a otro de sus grandes amigos, Max Jacob. Cuentan que este hombre, bajo de estatura, pasó largas horas viendo la obra del artista y después lo visitó en su taller. Pablo tenía veinte años y Max veinticinco, él era un judío bretón que había abandonado la carrera de derecho para dedicarse a la poesía e incursionó también en el arte. Era homosexual. Al parecer la atracción, que llegó a ser calificada de enamoramiento, se dio desde el primer encuentro.

La amistad con Max Jacob significó para el pintor el conocimiento de la literatura, la civilización y el espíritu francés, como también la apropiación de la lengua francesa, sin la cual le hubiera sido imposible desarrollar todo su poder de creación. No es pequeña la deuda de Picasso con Max Jacob, pues aprendió mucho del poeta, quien lo familiarizó con la poesía y con el dominio de la metáfora con la cual podía saltar a otro tiempo y a otro espacio. Max Jacob era adicto al éter, tenía el saber de la quiromancia, leía el tarot y era un devoto de la astrología, circunstancias que llevaron a Picasso por caminos desconocidos hacia el mundo del misterio y de lo oculto.

Los jóvenes artistas sólo podían asistir ocasionalmente a los cabarets famosos como el Moulin Rouge. Se albergaban en otros, pequeños y sucios, en las cercanías de Place Pigalle. Allí todo podía pasar. En uno de ellos, el Zut, Picasso comenzó a hacer un boceto, que de inmediato fue reconocido por uno de los presentes como la tentación de san Antonio, y el artista, incómodo por la intromisión del público, abandonó los pinceles. No le gustaba trabajar en público porque decía que no podía concentrarse.

La muerte de Casagemas se volvió una obsesión para él. Cuando regresó a París a vivir en el taller que habían compartido, todo le hablaba de esos momentos, pero querer compartir el lecho con la mujer que había precipitado a su amigo a la muerte era el mundo de los contrastes. Sabía que se estaba apropiando de los restos psíquicos de Casagemas al tiempo que se robaba el romance del muerto. Por eso se dedicó a pintarlo de mil formas. Amortajado, con el orificio sangrante en la sien derecha, en el ataúd, agonizante, muerto y aun ascendiendo al cielo a la manera del conde de Orgaz, como en la pintura de El Greco, pero escoltado no por ángeles y santos, sino por prostitutas y mujeres de vida alegre.

Fue durante este período que comenzó a usar el azul de manera sistemática, era el azul de las telas de El Greco y de Cézanne y también del simbolismo. Para Picasso ese color, hijo de un momento de la historia del arte, representaba luto y dolor.

El período azul

A la muerte del amigo vino a sumarse el sentimiento de profunda soledad en la que se sumergió después del rompimiento definitivo con su padre. Comenzó a sentir la soledad del artista que se sabe extraño al mundo que lo rodea. La relación con Germaine se terminó y a una aventura le siguió otra en el amor. Esta era la situación afectiva de Picasso a finales de 1901 cuando inició el período azul. Mañach, su marchante de París, no compartía las nuevas tendencias y se negó a firmar un nuevo contrato por un año más. Ante estas nuevas perspectivas no tuvo otra opción que recurrir a su padre para pedirle que le enviara el tiquete de tren para regresar a Barcelona, adonde llegó en enero de 1902. La época azul se prolongó hasta 1904, sin que hubiera una ruptura con el período parisiense: la miseria humana seguía siendo su tema, ahora con modelos tomados del depósito mismo de cadáveres. Este es el origen del cuadro *La muerte*.

No todo era expresión de dolor: asistía a los bares, a los burdeles y a las revistas musicales del Barrio Chino, donde actuaba al lado de la *Bella* Otero y de *Bella* Chelito, cuyo striptease en busca de la pulga que supuestamente tenía en sus ropas era motivo de gozo. De ella hizo innumerables dibujos, como también de mujeres bonitas y hasta caricaturas de sus amigos. Se sentía profundamente incomprendido por los artistas de Barcelona, quienes juzgaban que sus pinturas tenían mucho ánimo pero les faltaba forma. Quería triunfar en París, lugar adonde volvería de nuevo en noviembre de 1902.

Esta tercera estadía en París comenzó siendo de una miseria absoluta. Alquiló con un amigo una habitación por dos francos, que no pudieron pagar a pesar del precio tan módico y compartió con otro amigo una habitación estrechísima, donde era necesario sentarse en la cama para dar paso al otro. Tampoco tenía dinero para comprar los materiales para pintar y tuvo que dedicarse a dibujar.

Su amigo Max Jacob lo acogió en su casa donde sólo había una cama, que le resultaba incómoda por la homosexualidad de Max. Resolvieron turnarse para dormir: Max lo haría de noche mientras Picasso pintaba, y éste dormiría de día mientras Max atendía en el almacén donde trabajaba.

No quiso en esta ocasión pintar los cuadros de temas españoles cotidianos que antes le habían significado tanto apoyo, ni emplearse como su amigo en algún oficio; no, él buscaba triunfar con su arte. Tres meses después volvió a Barcelona a la casa paterna, y durante esta temporada pintó algunas de las obras maestras del período azul, todas marcadas por la miseria: *Miserables a la orilla del mar, Matrimonio de pobres, El ciego* y *La vida*, la tela más famosa de la época azul. Cuarenta años después una de sus biógrafas, Geneviève Laporte (precisamente es a ella a quien Henry Gidel dedica su libro *Picasso*) describe así su regreso:

> Me enteré un día de cómo fue la vuelta de Picasso, agotado por la pobreza de su vida en París, a casa de sus padres en España. Llegó por la noche, y exhausto por el largo viaje, se fue derecho a la cama. A la mañana siguiente, mientras él aún dormía, su madre le cepilló la ropa y le limpió los zapatos, de manera que al despertar Pablo vio que le habían privado de "su polvo de París". Me contó que se enfureció de tal modo que casi hizo llorar a su madre.

A lo largo de este año pintó retratos de la vida cotidiana y de sus personajes, tullidos, prostitutas, mendigos. Al lado de éstos una profusión de dibujos eróticos. A fines de 1903 volvió a París. Se instaló de nuevo en Montmartre, donde continuó el trabajo de retratar a los personajes miserables de su entorno, locos, harapientos, famélicos, toda una cohorte de miseria. Estilísticamente las figuras se alargan a la manera de El Greco, y aparece en este momento en la obra del pintor la técnica del grabado en *La comida frugal* (1904). Como dato curioso, hay que señalar que el artista legó más de 30 mil grabados a sus descendientes.

Fernande

Fernande es la primera mujer de Picasso que no sale de los burdeles; es su vecina y en una tarde de agosto se amaron por primera vez, después de que el azar y la oportunidad de hablarle, buscada por él, los reunió en la puerta del edificio Bateau-Lavoir, donde por aquel entonces vivía Picasso, hoy recordado como centro de reunión de pintores y poetas. Según lo recuerda Fernande: "Él tenía en sus brazos un gatito que me ofreció riendo, al mismo tiempo que me impedía pasar. Yo reí también. Luego me hizo visitar su estudio" (Mailer, 1997).

El Bateau-Lavoir, donde Picasso y Fernande se conocieron, era una vieja y maloliente casa de vecinos de los barrios bajos. Fue bautizado por Max Jacob en honor de las barcazas de lavandería del Sena. El edificio no tenía más que un lavabo en el sótano y un único retrete cuya puerta no se podía cerrar por falta de picaporte. El techo dejaba pasar la luz por entre un enrejado con vidrios lleno de polvo. En esa extraña y sórdida casa retumbaban los ruidos más diversos, y las paredes, simples divisiones de tabla, dejaban filtrar todas las conversaciones. Allí vivieron Van Dongen, Max Jacob y Modigliani.

A lo largo de su vida, Fernande escribió dos obras sobre su amante, *Picasso et ses amis,* publicado en 1923, y *Souvenirs intimes,* en 1955. Según cuenta, ella se rehusaba a vivir en el taller por el desorden y la dejadez del pintor y prefería seguir a la sombra de sus otros amantes. Pablo le llegó a hacer un altar, sobre una caja de cartón forrada en papel azul, donde puso la blusa que llevaba Fernande en el primer encuentro, dicen algunos, entre dos jarrones de cristal azul y en la pared un retrato suyo. Según cuenta Fernande, "tenía un bonito retrato a pluma" y "una preciosa bata de lencería blanca muy fina se mezclaba con dos jarrones Luis Felipe, de un arrogante azul cerúleo que contenía flores artificiales idénticas a las que poseía Cézanne, sin duda". Un domingo, exaltada por las sensaciones que el opio le producía, resolvió trasladarse para el taller del artista. A Fernande no dejaban de preocuparle los celos de Picasso y el que no la dejara trabajar, y le asqueaba irse a vivir en un estudio donde había dos perros, además de un ratón blanco en un cajón del escritorio. Con él compartió siete años, hasta que Pablo cumplió treinta y un años.

Fernande es la primera de las mujeres que influye en el arte de Picasso. Cada uno de sus períodos está influenciado por una presencia femenina. Toda nueva relación producía en él un magnetismo desbordante que lo llevaba a la creación. Esta autenticidad con la que vive el amor lo salva un poco de la imagen negativa, monstruosa, peyorativa que se desprende del trato que da a sus mujeres. Cada época de su creación representa un homenaje a una mujer.

A instancias de Pablo, Fernande había renunciado a su oficio de modelo y pronto la pobreza comenzó a golpearlos, hasta el extremo de no tener siquiera carbón para el invierno. A las veladas en las tardes en el taller comenzó a asistir Apollinaire. El poeta y el pintor se hicieron entrañablemente amigos hasta la muerte del primero en 1918. Apollinaire fue un puente entre la poesía y las artes plásticas de su tiempo, no sólo fue amigo de los pintores sino que bautizó sus cuadros, como hizo con los de Giorgio de Chirico, y creó el caligrama.

Picasso y Fernande se separaron en la primavera de 1912, y en esos siete años Picasso avanzó desde la época azul, pasando por la época rosa, hasta las exploraciones que darían como resultado, en 1907, *Las señoritas de Avignon;* en 1908 y en colaboración con Braque entró al cubismo; y en 1909, a los veintiocho años, era ya una figura internacional y había prosperado para trasladarse con Fernande a un piso burgués del bulevar de Clichy. Este período fue entonces uno de los más significativos en la vida del artista.

El período rosa

Los cuadros fueron adquiriendo nuevas tonalidades, gris, ocre y rosado pálido, y comenzó a insinuarse un cambio en la pintura, si bien los personajes continuaban siendo desesperanzados y tristes. Con el período rosa, entre 1904 y 1905, apareció el arlequín, en el cual se mimetiza el pintor prestándole en ocasiones los rasgos de su rostro y dejando traslucir en él sus estados de ánimo y sus sentimientos.

Acróbatas y saltimbanquis estuvieron de moda en el París de entonces, por la opereta del mismo nombre de Louis Ganne, recién estrenada. A Picasso le fascinaba el circo y con frecuencia asistía a sus funciones en Place Pigalle, y le agradaba departir con los artistas y participar de una vida tan distinta a la suya. Eran compañías itinerantes de actores que alguna vez encontró cerca del monumento de *Los inválidos*, que representaban la vida errante y un destino cifrado siempre desde el acaso. La obra maestra del género es *Los saltimbanquis* (1904-1905), de Genne.

Lo que desconocía Picasso era que en ese momento sus cuadros, cargados de una nueva sensibilidad, sí se venderían. El antiguo administrador de Zut, Frédé, estaba al frente del Lapin Agile. Allí acudía el pintor. Frédé le abrió un crédito que el artista pagaría con el encargo de una gran tela donde aparecía él vestido de arlequín y Germaine y el propio dueño tocando la guitarra. El cabaret llegó a ser el centro de los pintores de Montmartre: Vlaminck, Modigliani, Braque, Derain, Utrillo, Gris...

Una broma organizada por un detractor del arte moderno le dio fama al Lapin Agile. Frédé, que había sido vendedor de pescado, tenía un burro llamado Loló, en el que transportaba su pesca, y compadecido de la pobreza de su amigo llevaba alimentos a la pareja. En 1910 Roland Dorgelès, un periodista, escribió un manifiesto donde se burlaba del arte moderno y puso tras de la cola de Loló tres telas en blanco y varios potes de pintura grandes, Loló agitando la cola donde le habían puesto un pincel y en presencia de un fotógrafo y un notario pintó tres cuadros que fueron a parar al Salón de los Independientes y aun hicieron parte de un diccionario de pintura.

El periódico *Le Matin* publicó el "manifiesto excesivista" con las fotografías de Loló pintando los cuadros, el escenario de la farsa había sido el Lapin Agile y la gente acudió con curiosidad.

Aprovechando las necesidades apremiantes de los artistas pobres, los marchantes de aquel entonces les cambiaban sus cuadros por objetos útiles o se los compraban por sumas irrisorias, para revenderlos a otros marchantes.

En 1905 volvió a interesarse otra galería de arte por la obra de Picasso. El crítico Charles Morice llevó la obra de Picasso a la galería Serrurier, aparecieron por entonces tres artículos críticos sobre la obra del artista, entre ellos uno de Apollinaire (Mailer, 1997) que decía: "Más que cualquier otro poeta, escultor o pintor, este español nos quema como una explosión repentina, sus meditaciones se desvelan en silencio".

Los coleccionistas y aficionados comenzaron a comprar la obra de Picasso y fueron especialmente los coleccionistas extranjeros, rusos, alemanes y americanos los que comenzaron a pagar bien los cuadros; ya iba a cumplir veintiséis años. Para 1914 uno solo de sus coleccionistas tenía 51 telas del pintor, la más grande colección que alguien haya llegado a tener de éste.

Fue precisamente una pareja de hermanos americanos de ascendencia alemana, los Stein, quienes lo sacaron definitivamente de la miseria. Herederos de una gran fortuna, fueron a cursar estudios en París a principios de siglo y se instalaron cerca de los jardines de Luxemburgo. Le compraron, entre otras obras, *La niña de la cesta de flores* y después fueron a su taller en el Bateau-Lavoir donde adquirieron sus cuadros por una suma considerable. También en el Bateau-Lavoir conoció a varios pintores holandeses, y uno de ellos lo invitó a su país, donde pasó parte del verano; de allí trajo apuntes, acuarelas y grabados; *La bella holandesa* pertenece a este momento. Es un desnudo femenino que porta una cofia típica del país.

Hacia el cubismo

Aunque Gertrude Stein no era particularmente bonita, ni su cuerpo era armonioso, quiso pintarla por su inteligencia, autoridad y voluntad. Durante más de 80 sesiones el pintor se empeñó en arrebatarle a su modelo eso intangible que veía en ella, y concluyó su obra aunque desencantado.

Hacía ya dos años que había dejado Barcelona, adonde regresó acompañado de Fernande, muy orgulloso de la belleza de su amante, pues eso era parte de su éxito. Necesitaba también reorientar su arte y quería pensar, ir a la montaña. Después de pasar algunos días en la ciudad estuvo en Gósol, un pueblito en los Pirineos, al que se llegaba a lomo de mula por profundos deslizaderos. El contacto con la naturaleza lo llevó a pintar los objetos de la vida cotidiana y multiplicó en dibujos y pinturas los desnudos de Fernande.

Fue allí donde surgieron los primeros trazos del cubismo. Las formas geométricas aparecieron en el boceto del pueblo que después se transformó en *Los campesinos,* donde se bur-

El cubismo no difiere de otras escuelas pictóricas. Los mismos principios y elementos son comunes a todas ellas. El hecho de que el cubismo haya sido incomprendido durante mucho tiempo y de que actualmente haya todavía quienes nada entiendan de él, no significa que carezca de valor.

la de las leyes de la perspectiva y las caras de los personajes se transforman en máscaras, obra ejecutada con posterioridad en París.

Las fuentes del nuevo estilo, que irrumpe en *Las señoritas de Avignon,* provienen del arte negro, de moda en la época, y de la *Virgen de Gósol*, que data del siglo XII. Picasso buscaba, sobre todo, desacademizar el arte a través de la simplificación y la esquematización. Pretendía volver al principio, recuperar la simpleza de las formas arcaicas; por eso empezó a tallar trozos de madera donde se conservaban las formas naturales.

Por aquel entonces el tifus era una enfermedad incurable, y la hija del dueño de la fonda del pueblo lo adquirió. Picasso, obsesionado y temeroso, huyó de allí. Ya en París comprendió por qué el retrato de Gertrude no lo había dejado satisfecho. No quería apresar las formas cambiantes y pasajeras, sino la esencia perdurable, por lo que cambió los rasgos físicos de la cara por formas adustas e impersonales. Por eso Gertrude afirmaba que con su retrato había terminado la época rosa.

Poco a poco fue integrándose al mundo del arte de París, y en 1906 conoció a Henri Matisse, un pintor del norte de Francia de exquisitos modales y educación, conversador inigualable y decidido como él a terminar con la pintura academicista. El grupo de los *fauves* o fieras había causado escándalo un año antes a los visitantes del Salón de Otoño, con sus brillantes colores.

Las señoritas de Avignon

En el verano de 1907 escandalizó a los críticos y pintores de su época con *Las señoritas de Avignon.* El cuadro se iba a llamar *El burdel de Avignon* y no precisamente por la ciudad francesa, sino por una calle de Barcelona, la calle de Avinyó, que llevaba ese nombre. Era allí donde el artista compraba sus pinturas y donde había, por supuesto, un burdel donde acudía con frecuencia. Fonéticamente las palabras eran cercanas y por burlarse de la abuela de Max Jacob, que había nacido allí, sus amigos le cambiaron el nombre. Titular el cuadro por ese entonces con el nombre de un burdel resultaba inadmisible, por lo cual tuvieron que cambiarlo por un eufemismo, *Las señoritas de Avignon,* con el que Picasso se sintió profundamente insatisfecho.

Fue un verdadero problema instalar esta enorme tela de seis metros en el apartamento. Representa cinco mujeres desnudas en el baño, y era una burla a la tradición y al tema del baño, tan socorrido en la tradición clásica. Mostrar la vida de un burdel a partir de un baño no podía ser otra cosa que una burda sátira. Las posturas imposibles de las mujeres y sus caras exhibiendo una enorme nariz o contorsionándose para mostrarse de frente cuando están sentadas de espaldas eran una burla a la perspectiva y a las formas tradicionales del arte clásico. El escándalo llegó a tanto que aun en las tiendas vecinas se murmuraba que Picasso se había vuelto loco.

Los amigos y colegas estaban tan desconcertados como sus vecinos. Para Matisse no era otra cosa que una broma.

Apollinaire se sintió enormemente confundido por la falta de poesía del cuadro y lo calificó de revolucionario e innovador, por decir lo menos, y Derain llegó a pensar que por este camino Picasso terminaría loco y suicidándose.

De la deformación a que sometió los rostros femeninos no se libró ni la misma Fernande, quien, vanidosa y herida, corrió a que la pintara uno de los artistas *fauves* que vivía en el Bateau-Lavoir, Van Dongen. La irritación de Picasso fue muy grande, Van Dongen había hecho varios retratos de Fernande y en alguno de ellos aparecía medio desnuda. Fernande había quedado estéril después de un aborto y Picasso por aquellos días deseaba tener un hijo. Ella se fue a un hospicio y adoptó una niña de doce años que estuvo en el hogar hasta el día en que la encontró desnuda sirviendo de modelo. Otros afirman que fue Fernande la que se cansó de la niña y la llevó de nuevo al orfanato, donde no la quisieron recibir, y que, sollozando al ver la situación de la niña, Max Jacob la dejó al cuidado de una portera en un edificio cercano. A partir de este incidente la pareja se separó. Pero esa separación fue breve. Fernande volvió al taller convencida de su papel al lado del pintor.

Las artes negras de África y de Oceanía estaban de moda, y Vlaminck, Matisse, Derain y también Picasso fueron marcados por el exotismo. Mucho se ha discutido sobre las caras de las dos mujeres negras que están en los extremos de *Las señoritas de Avignon*. Al parecer fueron retocadas posteriormente en el cuadro original. El artista sostuvo que él no había conocido el arte negro y algunos críticos consideran que están inspiradas en la Virgen morena de Gósol. Sin embargo, en la época del cubismo utilizó soluciones inspiradas en el arte negro para conseguir efectos de primitivismo, lo cual comprobaría la influencia de éste en su obra.

Por aquel entonces conoció a gran número de artistas, pues asistía los martes al café La Closserie des Lilas a la reunión de la revista *Vers et Prose*. Entre todos los colaboradores de esa revista el que más influyó en él fue Alfred Jarry, a quien no llegó a conocer directamente sino a través de los amigos comunes Apollinaire y Max Jacob. Jarry era un dramaturgo, también iconoclasta, que se hizo famoso con una obra de vanguardia teatral, *Ubú rey*; fue cultivador del absurdo y llegó a influir también en Julio Cortázar. Los cuadros de Picasso de 1937 retoman el personaje creado por Jarry para burlarse de Franco. Jarry tuvo muchos seguidores, pero se considera que el más auténtico fue Picasso.

Georges Braque había llegado a Montmartre cinco años antes. Era un auténtico campesino normando, hijo de un pintor de brocha gorda. De espaldas anchas y muy alto. A través de Apollinaire conoció el taller de Picasso y quedó fuertemente impresionado con *Las señoritas de Avignon*. Braque había incursionado en el fauvismo y buscaba seguir los pasos de Cézanne, pero el encuentro con la obra de Picasso cambió su camino. El reto que le planteaba *Las señoritas de Avignon* era muy fuerte.

Para Picasso, *Las señoritas de Avignon* fue un laboratorio de arte. Comenzó como primitivista y terminó siendo un manifiesto que iba en contra de todas las convenciones. Los distintos pintores influyeron en las variaciones que iba sufriendo el cuadro. Las obras exhibidas por Derain y Matisse en el Salón de los Independientes de 1907, decididamente primitivistas, llevaron a Picasso a exagerar las formas geométricas, a multiplicar los ángulos agudos y las asimetrías, a distorsionar las figuras humanas y a vaciar las órbitas de los ojos y mutilar los rostros.

El cuadro era tan personal que Picasso lo guardó en su estudio veinticinco años mirando a la pared y sólo lo mostraba a contadas personas. *Las señoritas de Avignon* no se expuso hasta 1916, y en 1921 fue adquirido por un coleccionista cuya viuda lo vendió en 1939 al Museo de Arte Moderno de Nueva York.

La vida interior de Picasso no debió funcionar muy bien durante este período, pues al opio habría que agregarle la presencia de Max Jacob con sus estímulos. Entre los años de 1907 y 1908 se propuso revolucionar la pintura y para eso se encerró en su taller no sin cierta dosis de animadversión por todo lo que perturbara su arte, incluso se tornó un poco sombrío y se olvidó de sus amigos. Por aquel entonces Fernande y él eran consumidores de opio y de hachís, pero la muerte de un joven pintor alemán, Wiegels, consumidor de todo tipo de estupefacientes, quien terminó colgándose de una viga en el taller del artista, fue un episodio tan aterrador que Picasso nunca más volvió a usar droga.

Fue este el momento del arte negro. Picassso lo descubrió en el palacio del Trocadero, en el antiguo Museo Etnográfico, cuyas salas mohosas estaban llenas de esculturas africanas.

Este encuentro tan cuestionado con el arte negro se lo contó más tarde a André Malraux: "Cuando fui al viejo Trocadero, me desgarró. El mercadillo, el horror, estaba solo. Quería marcharme, pero no me fui. Me quedé. Entendí que era algo muy importante: me pasaba algo, ¿no? Las máscaras no eran sólo otras esculturas más. En absoluto. Eran cosas mágicas..." (Mailer, 1997). Se dio a coleccionar estatuillas de África y Oceanía y decoraba con ellas su taller. Pero... ¿influyó este arte en Picasso? O, más bien, ¿se interesó en él precisamente porque cultivaba el primitivismo? Al parecer se valió de él para solucionar algunos aspectos técnicos de su pintura, sin que realmente se pueda hablar de una influencia directa.

Pero sí fue determinante la influencia de Cézanne, a quien Picasso llamó "el maestro de todos nosotros". Cézanne había muerto en 1906 y se celebró una retrospectiva de su arte en el Salón de Otoño. Picasso, como Cézanne, Braque y Gauguin, renunciaron a las leyes de la perspectiva clásica que regían el arte desde el Renacimiento italiano. En cuanto a Picasso, el cuadro se reduce a dos dimensiones y la idea de volumen y profundidad se da con rayas y líneas gruesas, como puede verse en el lado derecho de *Las señoritas de Avignon*, que es el más interesante de la pintura por las soluciones pictóricas a las que llega.

Braque y Picasso

Braque y Picasso se volvieron amigos entrañables y se visitaban diariamente al final de la jornada para comentar sobre el trabajo realizado. Comenzaron a desarrollar un arte tan similar que muchas veces se hace difícil, aun para los más expertos conocedores de la pintura cubista, distinguir el autor de una obra; ellos participaban en ese enmascaramiento dejando las telas sin firmar o firmándolas por el revés.

Picasso se refugió de nuevo en el campo, esta vez muy cerca de París, en un pequeño pueblo, La Rue-des Bois, donde en un ambiente natural y amable y acompañado sólo de Fernande y de su mundo familiar, se interesó por el paisaje y lo pintó desde los nuevos postulados estéticos, prescindiendo de la perspectiva y trabajando de la misma manera los primeros planos y el fondo, como si estuvieran a la misma distancia del espectador. Para lograrlo utilizó múltiples formas geométricas.

De regreso a París pintó en igual forma las naturalezas muertas. Se reencontró con Braque, quien había trabajado por esos días también en el campo y había encontrado las mismas soluciones técnicas, esquematizando las formas y trayendo a primer plano el decorado. La semejanza era tal que las tonalidades son las mismas. Fue durante esta época que se acuñó el término "cubismo", la denominación fue de Matisse para calificar un cuadro de Braque en el Salón de Otoño, donde las casas eran cubos. El crítico Louis Vauxcelles decía que Picasso lo había reducido todo a formas geométricas y cubos. Las características fundamentales del cubismo podrían enunciarse como la simplificación de las formas, la geometrización y el abandono de la búsqueda del "parecido" como forma de representación. Desde el punto de vista del método de composición, Picasso es decididamente cubista, según afirma Rafael Argullol (Brassaï, 2001), por la eliminación de lo epidérmico, la identificación de las estructuras subyacentes y la recomposición depurada de las formas.

El "Aduanero" Rousseau

Estas características fueron evolucionando a lo largo del trabajo de estos dos artistas. Para Picasso fue particularmente importante el encuentro con el arte del Aduanero Rousseau (señalemos de paso que el nombre de Aduanero se lo dio Apollinaire porque había trabajado como consumero, esto es, como recolector de impuestos al consumo). Para Picasso, Henri Rousseau era el ejemplo de un artista nato que descompuso todas las reglas del arte tradicional y encontró soluciones personales para los viejos problemas del arte. El caso del Aduanero era totalmente diferente al de los pintores de su época porque no había sido formado dentro del academicismo. Este hecho, que para Picasso resultaba admirable, para el Aduanero era motivo de inseguridad porque se consideraba ignorante, y sus pinturas no dejaban de ser vistas con cierta burla y desconfianza.

Picasso le ofreció un banquete al Aduanero, que ya para entonces tenía sesenta y cuatro años, y aun cuando para muchos no dejó de ser una broma, el banquete resultó ser un evento cultural de primer orden. A él asistieron una treintena de las personalidades del mundo del arte de aquel entonces, el grupo fue a tomar los aperitivos en un bar y hacia las nueve y media de la noche, y en vista de que no llegaban a recogerlos, el anfitrión recordó que había dado mal la fecha al restaurante donde prepararían la comida, al indicar la del día siguiente. Los comensales tuvieron que satisfacer su apetito con el arroz a la valenciana que había preparado Fernande. No faltaron los excesos ni los rasgos de humor entre los asistentes para burlar a Rousseau, que todo lo divisaba desde el trono que Picasso había arreglado para él.

Ya Picasso era uno de los inquilinos más antiguos del Bateau-Lavoir cuando llegó un joven pintor madrileño, Juan Gris, que contaba por entonces diecinueve años de edad. Éste sería otro de los pintores más importantes del cubismo y fue, por supuesto, discípulo de Picasso.

En la primavera de 1909 Picasso y Fernande viajaron a Barcelona. Hay una anécdota que vale la pena recordar porque insiste una vez más en la distancia que separa a padre e hijo. Entre ellos existía un pacto tácito de no hablar de pintura, pero el padre aprovechó la ocasión de decirle a Pallarés, el amigo de su hijo, en una cena familiar, que le aconsejara abandonar ese arte porque estaba en el camino equivocado. Esa intransigencia se hizo también presente durante la estancia de la pareja en Horta, donde los habitantes se enteraron de que Picasso y Fernande no eran casados y apedrearon las ventanas de la habitación de la pareja porque, según decían, vivían en pecado.

El artista ya en pleno dominio de su técnica recompuso el paisaje en figuras geométricas y comenzó a recortar los rostros para captar simultáneamente el perfil y el frente. Pintó varios retratos de Fernande que, como en la anterior ocasión, tampoco se sintió a gusto con la imagen que de ella proyectaban, no reconocía su belleza como modelo. Pero el arte con el que trabajaba seguía siendo figurativo, valiéndose de su cámara fotográfica tomó los mismos lugares que habían inspirado sus obras, no tanto para captar en qué medida se le parecían sino para medir la capacidad de abstracción y de simplificación del modelo.

La amistad con Braque y la coincidencia de sus búsquedas seguía animando la vida de los dos pintores. Picasso tuvo fama de casamentero con sus amigos y siempre pensó que a Braque le hacía falta una mujer; por eso, le escogió como futura esposa a la hija del dueño de una famosa taberna en Montmartre, a quien fueron a visitar, y para ir tan elegantes como lo mandaba la ocasión alquilaron paraguas, sombreros, abrigos y trajes, pero una vez comenzaron a entonarse con los tragos se olvidaron de los buenos modales y a la postre el matrimonio se fue a pique. No contento con tan mala gestión le buscó otra compañera a su amigo, esta vez con todo éxito, pues pasado algún tiempo de convivencia la pareja terminó casándose.

El bulevar de Clichy

En 1909 Picasso y Fernande se trasladaron a un nuevo y lujoso apartamento en Place Pigalle, con dos habitaciones para el taller que daban sobre el Sacré-Coeur y dos habitaciones más para dormitorios. Los enseres que traían del Bateau-

Lavoir eran insuficientes y muy pobres para decorar la nueva residencia, por lo que encargaron muebles a los padres en Barcelona y compraron improvisadamente algunos otros.

Los vecinos comenzaron a murmurar que al parecer los nuevos inquilinos se habían ganado la lotería, Picasso comenzó a coleccionar objetos de mal gusto y pronto llegó a llenar el apartamento. A sus amigos de Montmartre sus excentricidades no les hacían gracia. ¿Para qué había comprado un piano si no sabía tocarlo? Ahora tenía los servicios de una mucama que atendía a los visitantes con un impecable delantal blanco y recibía a los amigos solamente los domingos.

Pero si el apartamento era el espacio del nuevo burgués, el taller era otra cosa. Decorado con estatuillas de arte negro, de su cielo pendían guitarras y mandolinas que representaban el cuerpo femenino; las guitarras fueron objetos motivo de inspiración frecuente en sus telas y en las de su amigo Braque. Las paredes estaban llenas de pinturas de otros artistas a los que admiraba, como Corot, Matisse, Braque, Derain y Vlaminck. Podemos anticipar que Picasso llegó a ser uno de los grandes coleccionistas de arte moderno.

La vida social también fue en aumento. Los hermanos Stein, que habían sido unos de los primeros en reconocer su arte, eran no sólo excelentes anfitriones, sino unos muy buenos relacionistas públicos que compraron y exhibieron en su casa varias tablas del autor. Por allí desfilaban artistas, bohemios, burgueses y extranjeros. Los artistas más reconocidos en la casa de los Stein eran por aquel entonces Matisse y Picasso. Este último nunca llegó a ser un buen conversador, como sí lo fue Matisse, y prefería permanecer callado y huraño en las recepciones.

Entre 1909 y 1910 se dedicó al retrato. Pintó el de Braque, no del modelo, sino de la fotografía que él le había tomado. Clovis Sagot había sido uno de sus marchantes, y con él Picasso tuvo fuertes desavenencias por el valor de una telas cuando residía en el Bateau-Lavoir: el marchante no quiso subir el valor de la oferta y éste, indignado, no le vendió los cuadros. Pero después, y ante la necesidad apremiante, volvió a insistirle y en esa ocasión el marchante bajó su oferta, y luego, por tercera vez, regresó donde el marchante quien terminó comprándole los cuadros por una cantidad todavía menor. Por eso resulta extraño que haya pintado su retrato; no obstante, tal vez Picasso lo hizo movido por el afán de agradecerle, ya que había sido uno de los primeros que se había interesado en su quehacer artístico.

El retrato planteaba problemas estéticos nuevos que el artista tuvo que solucionar creativamente. Por ejemplo, el de Vollard, el otro marchante de arte, le tomó varios meses. De un fondo de estructuras geométricas sale la cara del personaje y sus rasgos se reconstruyen en cristales geométricos que recomponen el rostro.

Los retratos cada vez se alejan más de la representación del modelo en sus rasgos físicos y se convierten en una abstracción en busca del yo profundo. En el de Kahnweiler, famoso marchante de arte, se abstraen los rasgos físicos, y las tonalidades de luz que iluminan el retrato simbolizan la inteligencia. Picasso disemina en el cuadro fragmentos reconocibles para acercarlo a la verdad. Las manos, la nariz, los ojos, pero, a la vez, los carga de símbolos. Las manos como símbolo del trabajo, la nariz como símbolo del olfato del marchante y los ojos como símbolo de la capacidad de ver y de juzgar.

Todos ellos representan un espejo roto, pues Picasso llena los fondos con planos y formas geométricas que completan el cuadro hasta los límites del marco.

En el verano de 1910 fue a Cadaqués invitado por Ramón Pichot, casado entonces con Germaine Gargallo, la amante de Casagemas. Allí compartieron la estadía con André Derain, casado con Alice, amante en otro tiempo del pintor, quien se la había presentado a Derain. Picasso afirmaba que compartir la mujer, aunque fuera en épocas muy distintas, creaba lazos de amistad muy sólidos. Las parejas se divirtieron en Cadaqués. La familia de Pichot poseía una casa grande, blanca y acogedora, y organizaban expediciones de pesca e iban a las tabernas de los pescadores, donde gozaban no sólo con las viandas y bebidas de la región, sino también con sus bailes. Picasso llegó a bailar la sardana, el baile tradicional, en medio de un corrillo de curiosos.

Pero estas diversiones no llegaron a distraer el trabajo del artista, quien en esa época trabajaba para ilustrar el libro de Max Jacob, *Saint Matorel*, con un tema diametralmente distinto a sus intereses. El libro hablaba de la conversión al cristianismo de su autor después de que se le apareciera la Virgen en 1909.

La pintura de Braque y de Picasso evolucionaba simultáneamente, los problemas técnicos los estudiaban en común y, por sobre todo, la capacidad de abstracción de Braque era notable. Uno de los temas por resolver era el entorno, los objetos conservaban a grandes rasgos sus formas, pues los trazos los definían, pero a partir de este momento desaparecen y el arte llega a ser hermético. Sin embargo, las pinturas de Picasso y de Braque llegaron por un camino propio al arte abstracto y conservaron siempre la relación con el mundo visible. Las alusiones a la realidad podían ser mínimas y a veces estaban dadas sólo en los títulos. Para no distanciarse de su público utilizaban los mismos objetos, macetas, vasos, pipas, botellas e instrumentos musicales, que eran objetos fáciles de identificar.

Estas especies de criptogramas no dejaron de traer confusiones, el desnudo de una mujer se podía confundir con una escalera, lo que no dejó de producir burlas al arte de Picasso. Lo que era de esperarse, pues ni el público ni los coleccionistas estaban preparados. No tardaron en aparecer los imitadores, con quienes, por supuesto, nunca estuvieron de acuerdo los artistas que habían dado origen al cubismo.

En el verano de 1911 se produjo un hecho inusitado en París. En el Louvre alguien había robado *La Monalisa*, noticia que obligó a Picasso a regresar de Céret, donde pasaba las vacaciones de verano. El robo había puesto en evidencia que algunas otras piezas habían desaparecido del museo y, precisamente, Picasso estaba en poder de una estatuilla. La había comprado por intermedio de Apollinaire. Por eso regresó a París en busca de éste, y entre los dos decidieron que lo mejor era arrojar al Sena las estatuillas que ambos tenían, pero fueron incapaces de hacerlo porque se sentían vigilados y debieron regresar a altas horas de la noche al apartamento de Apollinaire con la maleta donde las llevaban. El poeta estuvo preso por unos días y Picasso tuvo que ir a presentarse ante el juez, quien terminó declarándolos inocentes.

El nacimiento del cubismo lo ratificó el Salón de Otoño de 1911: se exhibieron varios cuadros de pintores cubistas como Duchamp, Le Fauconnier, Léger, Metzinger... Picasso recorrió la exposición en compañía de Apollinaire, burlándose de los lienzos donde se amontonaban distintas figuras geométricas y considerando que las obras eran una copia desafortunada de sus cuadros, que no expuso. Pero la prensa internacional comenzó a hablar del cubismo señalando a Picasso como el maestro del grupo y a los demás pintores como sus discípulos.

El collage

Braque y Picasso comenzaron a enfatizar la presencia de lo real en sus cuadros. Braque introdujo en uno de ellos un clavo pintado con su sombra, como si realmente estuviera colgado de la pared, para producir un efecto de realidad que conllevaba a interpretar como reales los otros elementos de la obra. El espacio comenzó a ser un elemento de referencia obligada en el cuadro. Picasso introdujo una llave que necesariamente se refería a un cajón y en otra ocasión utilizó una rodaja de limón para sugerir un fruto. Estos elementos de la realidad fueron en aumento, los lienzos abandonaron la monocromía, Picasso reprodujo objetos tomados de la realidad e introdujo el primer objeto real, una estampilla con la efigie de Emmanuel III. Tal vez con esto volvía a su infancia cuando de niño veía a su padre introduciendo siluetas de palomas a sus cuadros para preparar las composiciones. En 1912, en *Naturaleza muerta con silla de paja,* introdujo un pedazo de hule adosado a una silla en lugar de pintarla; en este lienzo aparece por primera vez el *collage.*

La idea de "buscar" ha hecho que el arte de buscar caiga con frecuencia en la abstracción. Este ha sido, tal vez, el mayor error del arte moderno.

Las relaciones con Fernande comenzaron a deteriorarse. Ella era muy caprichosa y superficial y Picasso comenzó a frecuentar solo un nuevo café, L'Ermitage, donde asistían sus amigos aristas pero también todo tipo de clientela, desde prostitutas hasta boxeadores. Un día se vio obligado, ante la sorpresa de los asistentes, a propinar un derechazo a uno de los clientes consuetudinarios del bar. En alguna ocasión había tomado clases de boxeo y nunca pensó que llegaría el día de darse puños con un grandulón como el que encontró en ese establecimiento.

Allí conoció a los futuristas italianos, que traían un concepto dinámico del arte y buscaron aprehender el movimiento que recientemente había captado el cine mudo. El arte debía ser revolucionario y, por lo tanto, los museos debían desaparecer. El arte debía renunciar a la inmovilidad. Para capturar el movimiento recurrían a captar no sólo las cuatro patas de un caballo a la carrera, por ejemplo, porque la velocidad hacía coincidir muchas más en el movimiento, por eso era necesario pintar más cantidad, una figura podía tener cinco o seis patas.

El futurismo fue un movimiento que se dio simultáneamente en varias artes. Los iniciadores del futurismo literario fueron Marinetti, quien publicó en 1909 el *Manifiesto,* y Soffici. En las artes plásticas lo fueron Bocciono y Severino, este último gran amigo de Picasso. Buscaban sorprender con su vistosa indumentaria, utilizaban calzonarias con corbatas, calcetines de colores fuertes coordinados y se subían la bota del pantalón para dejarlos ver y hacer gala de su pintoresca vestimenta.

Una mujer inolvidable

Fue en L'Ermitage donde Picasso conoció a Eva Gouel —quien llegaría a ser su amante—, la mujer de Ludwik Markus, un pintor fauvista. Ya hemos visto que su relación de pareja no estaba muy bien. Picasso, para poder estar cómodo con su nueva amante, alquiló un taller en el Bateau-Lavoir, y al parecer Fernande se enteró. No era, por supuesto, la primera vez que uno y otro eran infieles, pero en esta ocasión Fernande huyó con un joven y apuesto italiano.

Eva era muy distinta a Fernande. Menuda, tierna, estupenda cocinera y ahorrativa, no le gustaba la bohemia y acompañó al artista por algún tiempo. Para él era *ma jolie (bonita mía),* título de una canción estrenada en la época que decía "ó Manon, ma jolie, mon coeur te dit bonjour" ("Oh, Manon, bonita mía, mi corazón te dice buenos días"). Comenzó entonces a escribir en los cuadros mensajes como *J'aime Eva, ma jolie*. Sabía bien que el retrato no sería bien acogido por Eva, como ya le había pasado con Fernande.

Para irse con Picasso, Eva dejó a Markus, quien por toda protesta publicó un dibujo en *La Vie Parisinne* donde él saltaba de alegría mientras veía alejarse a Picasso con una enorme bola atada a un pie, símbolo para él del peso del matrimonio. Picasso salió de París, se fue de nuevo a Céret y allí lo siguió Fernande acompañada de Pichot y Germaine, pues ella nunca dudó de que lo podría volver a conquistar.

Finalmente, Fernande desapareció de la vida de Picasso hasta 1930, cuando los periódicos *Le Soir* y *El Mercurio de Francia* publicaron unos avances del libro que ella iba a publicar, *Picasso et ses amis*. Según parece el artista le ofreció una fuerte suma al editor para que no lo publicara, pero éste no cedió y el libro apareció en 1933.

La historia de Fernande termina muy tristemente a pesar de haber sido la primera de las siete mujeres que entre esposas y amantes acompañaron al artista y motivaron cambios fundamentales en su proceso creativo. Murió de setenta y seis años sorda, artrítica y sin dinero. Picasso le envió una buena suma, algunos dicen que Fernande tenía otro libro para publicar y que el artista logró de esa manera que no lo diera a conocer. Pero en 1988 uno de sus ahijados lo publicó con el título *Souvenirs intimes*. Por doloroso que fuera para Picasso que se conociera su vida íntima, no dejaba de ser el reconocimiento de la plenitud de una vida, escrita por la primera mujer que había amado. Con el tiempo, Picasso llegó a comprender que el libro de Fernande era uno de los mejores que se habían escrito sobre él.

Al llegar a París, Picasso se instaló en Montparnasse donde había vivido Eva. Dejar Montmartre significó para él un cambio de estilo a pesar de la corta permanencia en el bulevar Raspail. Un año duró su estadía y de éste estuvo un mes en Barcelona y siete en Céret, pero fue un tiempo decisivo en su carrera artística, en él comenzó a trabajar el *papiers collés* (papeles pegados). Dentro del género, su primera composición fue *Frutero y vaso*. Los *collages,* como el *papier collé,* se difundieron rápidamente como recursos técnicos. Juan Gris, Miró, Matisse, Magritte y Max Ernst se apropiaron de ellos. Esta técnica dio como resultado el *pop art.*

Picasso agregó arena y yeso y las telas adquirieron diferentes texturas. Los cuadros se llenaron de color. Experimentaba con todo, introdujo partituras, papeles, letras, óleo, carboncillo, tinta china, acuarela, aguada, yeso, aserrín, cristal y carbón con inusitada creatividad. Esta es la etapa que se conoce en la historia del arte como la del "cubismo sintético", que se caracteriza porque el lienzo incluye todo lo que se sabe y se ve del objeto. "Cubismo analítico" se denomina a la primera etapa caracterizada por el recorte y fragmentación de las formas. A estas telas les faltaba la tercera dimensión, para lograrla Picasso llegó a la escultura, para tener objetos reales. Otras veces hizo ensamblajes efímeros de cartulina, o esculturas de la nada que resultaban ser decididamente creativas, como hacer un toro con el sillín y las manillas de una bicicleta. La nueva pareja se trasladó por entonces a un hotel de lujo. Eva resultó ser muy poco acogida por los amigos de Pablo y poco a poco el artista se fue quedando solo.

París se resintió del arte moderno. Se interpeló al gobierno por permitir exhibir en los palacios nacionales obras antiartísticas y se tildó a los artistas de apaches y malhechores. Pero Picasso estaba por encima de los problemas de los salones y de las exposiciones de pintura, y firmó un contrato por tres años con Kahnweiler para venderle todas sus obras con excepción de los retratos y los murales. Como Picasso retocaba tanto sus telas aceptó que fuera él quien decidiera cuando estaban terminadas, y el precio se fijaba según el tamaño.

La salud de Eva comenzó a quebrantarse, tenía una tos persistente de la que Pablo llegó a temer que fuera una tuberculosis. En busca de un clima más benigno y para presentar a Eva a sus padres preparó un viaje a Barcelona, que coincidió con la enfermedad y muerte de don José, quien ya contaba con setenta y cuatro años. Para Picasso la desaparición de su padre vino revestida del dolor de la separación y del silencio que se había interpuesto tiempo atrás entre ellos. A pesar del triunfo de su hijo, don José no pudo nunca aceptar que ese éxito hubiera sido en contra de sus enseñanzas.

Eva ciertamente estaba tísica, su estado llevó a Picasso a trasladarse a un apartamento más soleado. La amistad con Braque disminuía, en tanto se incrementaba con Apollinaire. Picasso pintó el retrato del poeta para su primer libro de verso, *Alcoholes,* y Apollinaire publicó en *La Soirées de Paris,* revista que dirigía, un extenso artículo sobre los cubistas, y en el primer número de la publicación incluyó cinco de los ensamblajes y construcciones de Picasso que no dejaron de producir desconcierto.

El retrato era el género preferido del pintor, pero era también el que más problemas técnicos le planteaba. ¿Cómo hacer fieles unos retratos que se inspiraban en el cubismo? Picasso tenía la tentación de regresar al arte figurativo. Producto de esa época es la *Mujer en camisa en un sillón,* que era considerada por Paul Éluard y André Breton la primera obra maestra del surrealismo. En ella los rasgos físicos se abstraen, la cabellera son unas líneas ondulantes y la cara una superficie geométrica rosada.

La Primera Guerra Mundial

En 1905, la asociación Peau d'Ors subastó 150 pinturas y dibujos modernos, lo que se constituía en un juicio a la vigencia de las nuevas tendencias estéticas. Allí se remataron cuadros de Utrillo, Derain, Matisse, Vlaminck, Gauguin. Las pujas fueron muy elevadas. Para desconcierto de los asistentes los cuadros de Picasso, que eran una docena, pertenecían a los períodos rosa y azul, se juzgaban como cubistas y se vendieron de inmediato.

El último en subastarse fue *La familia de los saltimbanquis* o *Los titiriteros,* que causó una explosión de asombro. La puja se inició con 8 mil francos y llegó a 11.500. Lo compraron unos alemanes, hecho que se interpretó como un acto de resistencia a la tradición francesa y como un desconocimiento de la genialidad y de la imagen del pueblo francés. Lo curioso era que el cuadro no tenía nada de cubista, pues como sabemos Picasso lo pintó en el período rosa. Pero su venta se calificó como una victoria del arte cubista. A partir de este momento Picasso fue conocido en el mundo entero como pintor cubista cercano al pensamiento alemán. Tenía para entonces treinta y dos años.

En junio de 1914 se radicó en Aviñón, donde lo sorprendió el comienzo de la Primera Guerra Mundial. Se esperaba que el conflicto duraría dos meses cuando más. Picasso vio partir a quienes se alistaron en el ejército, pero él, como ciudadano español, no debía presentarse. Durante estos meses se encerró en su taller a preparar sus telas, que ahora versaban sobre naturalezas muertas; los lienzos comenzaron de nuevo a oscurecerse y la bonanza del pintor se vio amenazada por el cierre de la galería de la Rue Vignon y por la confiscación de todos los bienes del marchante del pintor, Kahnweiler. Éste, de origen alemán, no se había alistado para la guerra por cuanto residía en Francia, aunque no había solicitado la nacionalidad; se exilió en Suiza. Pero según la ley sobre los bienes de los ciudadanos de las naciones en conflicto, éstos debían ser confiscados. Sólo hasta 1923 Kahnweiler devolvió a Picasso 20 mil francos, que habían perdido las dos terceras partes de su valor. Este incidente sembró en ellos la desconfianza mutua, aun cuando siguieron manteniendo relaciones comerciales hasta la muerte del pintor.

Hay un hecho curioso que vale la pena comentar. Los pintores que fueron alistados para la guerra, entre ellos Braque, diseñaron los camuflados para el ejército. Antes los soldados vestían pantalones rojos, que los hacían un blanco perfecto en las batallas. Picasso recordaba cuando vio desfilar por el bulevar Raspail una enorme pieza de artillería pintada de verde, rojo, marrón y gris.

Max Jacob era de los pocos amigos del pintor que no se habían ido al frente. Recibieron juntos el año nuevo de 1915 y el poeta le contó que había tenido otra aparición de la Virgen y que se quería convertir al cristianismo; Picasso fue su padrino. Le dio entonces uno de sus nombres de pila, el de Cipriano, y pintó su retrato. Jacob quedó muy agradecido con Picasso y mostraba con orgullo el retrato, que tenía una particularidad: Picasso regresaba en él al arte de academia.

Sin amigos se sintió solo y hasta avergonzado de no haber ido a la guerra. Braque fue herido y estuvo inconsciente de hospital en hospital. Apollinaire le enviaba fotografías donde se le veía de uniforme y al pie de un cañón. Llegó a pensar en alistarse, pero la enfermedad de Eva lo detuvo, su arte decayó y pasó un tiempo repitiendo procedimientos ya utilizados. Entretanto, la salud de Eva desmejoraba, hasta que en el verano fue recluida en una clínica; pesaba apenas veintiocho kilos y tenía los huesos forrados por la piel. Murió el 14 de diciembre y al entierro fueron unos pocos amigos de Picasso, entre ellos Juan Gris y Max Jacob. A ella la recordó siempre con cariño y cuentan sus amigos que lloraba al evocarla.

Para olvidar a Eva, Picasso buscó el amor de varias mujeres, primero el de Gaby Lapeyre, una bailarina de cabaret que vivía muy cerca de su taller. Necesitaba sentirse enamorado y exageraba su amor, pero esta relación duró poco porque

Gaby se casó con un grabador nacido en Estados Unidos. Después estuvo por unos meses con Irene Layout, quien también lo engañó. Picasso no lograba olvidar a Eva.

Unos días antes de la muerte de Eva había conocido al poeta Jean Cocteau, quien lo llevó a transformar su arte. Cocteau era un burgués que frecuentaba las artes y las letras de la alta burguesía. Un día de abril se le presentó a Picasso vestido de arlequín y cubierto con una gabardina, esta broma no sólo estrechó la amistad entre ambos, sino que dio origen, con otros hechos y coincidencias, al período rosa de Picasso, que está marcado por la presencia de los arlequines.

El poeta quería proponerle un espectáculo que fuera la síntesis de las artes modernas. Se trataba de hacer un ballet que llevaba el nombre de *Parade* y era una especie de desfile de feria donde los payasos se paraban en la puerta del circo para atraer al público. Picasso haría los decorados y el vestuario, Erik Satie la música y el ballet ruso lo interpretaría. El proyecto de integrar pintura, música, danza y literatura atraía a Picasso, sin embargo, no le fue fácil decidirse a pintar para el teatro. Desde el punto de vista pictórico le resultaba muy afín, pues ya hemos visto que le encantaban el circo, los saltimbanquis y los arlequines. El proyecto inicial de Cocteau era hacer desfilar un circo modesto de París, bailarines, un prestidigitador, un acróbata y una bastonera americana. Picasso introdujo dos figurones de dos ejecutivos vestidos con formas cubistas que se movían perezosamente para marcar el contraste con la agilidad del circo, e inclusive llegó a quitar todo texto dramático, con lo que dejó al poeta Cocteau por fuera de la obra.

Picasso decía a sus amigos que le gustaba vivir como pobre, pero con mucho dinero. La foto de arriba, tomada en París hacia 1937, lo muestra como un perfecto dandy.

Retrato de Jaime Sabartés (La caña), *óleo sobre lienzo, 82 × 66 cm. La obra, retrato de su amigo y colaborador, está en el Museo Pushkin de Moscú.*

Penas y alegrías se juntaron en 1955, año en que fue tomada esta foto. Su ex esposa Olga murió en Cannes, y en París se organizó una gran retrospectiva de su obra.

El Guernica, *que fue pintado en París entre el 1 de mayo y el 4 de junio de 1937, es con seguridad el cuadro más famoso en toda la obra de Picasso. Hoy en día se exhibe en el Museo Reina Sofía de Madrid.*

Para algunos, con Las señoritas de Avignon *(pintada en París, en junio y julio de 1907) comienza el arte moderno. El coleccionista Doucet la compró en 1922 por 25 mil francos. En 1937 la adquirió el Museo de Arte Moderno de Nueva York, donde se encuentra en la actualidad.*

Páginas anteriores

El artista en su estudio, en octubre de 1971, poco antes de cumplir noventa años. Por esa época conservaba toda la vitalidad y aliento creativo. Moriría el 8 de abril de 1973 en Mougins.

Como el ballet ruso estaba en Roma decidieron viajar a esa ciudad para los ensayos y para estudiar la adecuación de los decorados. Cocteau, al imaginar la estilización de las formas que requería su ballet, contribuyó grandemente al desarrollo de la danza moderna.

La admiración por Picasso era la base de la relación entre el poeta y el pintor. Cocteau no sólo cedía a sus gustos, sino que llegó a imitarlo en sus comportamientos; así, si Picasso se enamoraba de una bailarina, como en verdad pasó, Cocteau tenía que salir con otra bailarina; y cuando éste se casó con Olga, la bailarina, lo nombró testigo en prueba de su amistad. Esta actitud le resultaba muy graciosa a Picasso.

El mundo del ballet

Picasso tenía por entonces treinta y cinco años y Olga veinticinco. Era rusa y como tal, no se entregaría a un hombre sino en el matrimonio. Picasso no había establecido con ella ninguna relación, pero le atraían sus facciones suaves y la gracias de sus movimientos al caminar. De alguna manera estaba cansado de tantas aventuras y esta era una "auténtica jovencita". Para Olga, Picasso representaba la posibilidad de ingresar al mundo de la burguesía, pero le fastidiaban su bohemia y su forma de vestir. Quería pertenecer a la flor y nata de París.

El 18 de mayo de 1917 se estrenó en el teatro Châtelet el ballet *Parade*. Una gran concurrencia de mujeres de mundo, pintores y artistas de Montmartre y Montparnasse aplaudieron el telón de boca pintado por Picasso. Él había escogido un tema figurativo; aparecían un arlequín, un marino, un picador, un mico trepado en una escalera y un caballo con alas en el que montaba una bailarina. El telón de fondo dejaba ver fachadas de edificios y una carpa de circo.

El espectáculo suscitó una gran rechifla. Cuando se abrió el telón salió de un andamio de cubos un bailarín con traje y sombrero de copa que llevaba en su espalda una casa y unos árboles. Este era uno de los gerentes ideados por Picasso. Después salió un prestidigitador chino y después otro extraño personaje, que era el otro de los gerentes, de botas vaqueras y vestido de rascacielos. Los dos se movían torpemente para simbolizar el peso del progreso. Finalmente salió una joven vestida con la bandera estadounidense sentada en una bicicleta imaginaria.

El público estaba a la espera, la acción de la comparsa no podía ser más sencilla, se trataba de invitar al público para que entrara. La actuación no estaba acompañada por ningún texto, el público seguía desconcertado. De pronto apareció en escena un caballo flaco y enclenque, formado por dos bailarines, el público se indignó, la calidad del espectáculo dejaba mucho que desear. Las rechiflas no se hicieron esperar y el público comenzó a gritar en contra de los alemanes y de los cubistas. El alboroto fue tal que las damas se quitaban los alfileres con los que sostenían sus sombreros para amenazar clavárselos en los ojos a los actores y a los responsables del espectáculo.

El músico Satie respondió con vehemencia y le envió una nota insultante al periodista que lo había tildado por su falta de inventiva y de oficio. El periodista lo acusó de difamación porque, según dijo, como la tarjeta no tenía sobre, su contenido podía haber sido leído por el cartero y la mucama que recibió la nota. Satie fue condenado a ocho días de cárcel y a pagar mil francos de multa. A raíz de este incidente, Picasso y sus amigos comenzaron a ser vistos como iconoclastas e irreverentes.

Como el ballet se iba a presentar en Barcelona, Picasso viajó con Olga, pero la hizo alojar en una pensión para disimular su relación con ella mientras él pasaba unos días en su casa. Presentó a Olga como su novia porque temía lo que podría decir doña María, que le había conocido otras dos, y después se fue con ella para la montaña.

Este período, marcado por la presencia del ballet y por su relación con la bailarina, fue determinante en la expresión estética del artista. Su pintura se llenó de dinamismo y color. Alternaba indistintamente el cubismo y el realismo y pronto empezó a mezclar en un solo cuadro partes cubistas y realistas.

La transformación operada en Picasso no fue sólo en el campo estético: la convivencia con Olga lo llevó a cambiar su cotidianidad, y ahora le interesaba la vida social y el buen vestir. Al estreno de *Parade* en París asistió con suéter rojo, para el de Barcelona se puso un traje azul marino con pañuelo blanco en el bolsillo de la chaqueta, complementó su atuendo con un reloj de oro con leontina y un bastón con empuñadura de plata. En otras ocasiones utilizaba esmoquin y sombrero hongo. Definitivamente, Olga estaba logrando transformar a Picasso en un burgués.

Cuando regresaron a París a Olga le resultó insoportable la casa donde vivía el pintor. El jardín era un desastre y hasta tenía un gallinero con las rejas oxidadas. Mientras conseguían un apartamento bien situado y con una gran sala de recibo, según el deseo de Olga, se instalaron en un hotel de lujo. Olga les resultaba muy estirada a los amigos de Pablo y poco a poco lo fueron dejando solo.

Por ese entonces, Apollinaire publicó el segundo libro de poemas, *Caligramas,* y se casó con Jacqueline Kolb, una bonita pelirroja, la enfermera que lo había atendido durante la convalecencia de la herida que recibió en la guerra. Picasso resolvió seguir el mismo camino y se casó con Olga el 11 de julio de 1918. Con ella estuvo formalmente casado durante 37 años, pues como era español no podía divorciarse; con el correr del tiempo obtuvo la separación de cuerpos.

En la luna de miel estuvieron en Biarritz, donde se alojaron en la casa de una de las mecenas más notables del siglo, Eugenia Errazuriz, que protegió a Picasso y a los músicos Stravinsky y Rubinstein. Eugenia, en alianza con Olga, ayudó a la promoción social de Picasso. Desde entonces, éste abandonó los pantalones anchos, las camisas mal cortadas y las gorras de mal gusto. A pesar de que Eugenia tenía a Picasso como "su pintor" y consejero artístico, no logró que Pablo volviera a Biarritz, no quería ser el personaje de mostrar en los salones de la duquesa.

En Biarritz Picasso conoció a George Wildenstein y a Pablo Rosenberg, quienes se convirtieron en sus marchantes; ambos llegaron a ser poderosamente ricos. Wildenstein trabajó para él en Nueva York, donde tenía una galería muy bien situada, y Rosenberg en Europa hasta la Segunda Guerra Mundial, cuando se trasladó a Estados Unidos.

De regreso a París, Pablo se enteró de la enfermedad de Apollinaire, quien había contraído lo que por aquella época se conoció como "la gripa española", que lo llevó a la tumba. Picasso supo por teléfono desde Biarritz de su fallecimiento y lo sintió profundamente; fue entonces cuando hizo el único autorretrato de su vida. En él se ve no sólo el dolor ante la muerte de su amigo, sino la premonición de su propia muerte.

Los Picasso se instalaron en un apartamento burgués con chimenea de mármol en cada habitación, un gran comedor y una sala de recibo de la que Picasso se burlaba en uno de sus cuadros, donde los invitados alrededor de Olga (Cocteau, Satie...) no saben dónde poner los brazos ni los pies y se sostienen rígidos sobre sus sillas.

A Olga, por supuesto, no le agradó que Picasso instalara allí su taller y le aconsejó tomar en arriendo el apartamento del piso de arriba, que estaba desocupado. A Picasso le pareció un tanto costosa la solución, pero aceptó. Pablo se reunía en su nuevo taller con los amigos y de vez en cuando le gustaba bajar con su overol de pintor manchado de pintura fresca a la sala donde Olga recibía a sus amigas, para ver la cara que ellas ponían.

Los ballets rusos estuvieron en Roma durante todo el año de 1918. El director Diaguilev quería llevar a escena la obra de Alarcón *El sombrero de tres picos* con el nombre de *Tricornio,* y le encargó la música a Manuel de Falla. El argumento era una recreación de la obra de Alarcón donde un viejo corregidor seduce a la mujer del molinero. Picasso preparó para esta ocasión los decorados y diseñó el vestuario, trabajó en París casi todo el tiempo diseñando la propuesta y viajó a Londres para implementarla. Su fortuna y posición le permitieron alojarse en esa temporada en uno de los hoteles más prestigiosos de Londres: el Savoy. Esta etapa de figuración social le agradaba, además le traía novedades y sorpresas que eran un aliciente para su creatividad. Se dedicó a cuidar su ropero y encargó trajes hechos sobre medida a las grandes casas de moda de París y Londres. Para el estreno de la obra se vistió de esmoquin.

La obra fue estrenada el 22 de julio y el público recibió con un cerrado aplauso el telón de boca, que en este caso representaba un grupo de personajes que veían una corrida; el telón de fondo era una noche andaluza enmarcada en un gran arco blanco sobre un cielo azul profundo. Los bailarines vestían trajes de colores fuertes, verde, negro, rosado, azul, amarillo.

Pintar para el ballet significó para Picasso una vuelta a la realidad. Pintó de nuevo casas, calles, muelles y puentes. El contacto con el cuerpo humano le ayudó a ver sus infinitas formas expresivas. Volvió a captar la luz del Mediterráneo y sus cuadros se llenaron de color.

La amistad con Max Jacob se había deteriorado, pero Picasso lo invitó al estreno de *Tricornio* en París. El poeta alquiló un traje y un sombrero para la ocasión y como se quedó sin un franco se fue caminando hacia su casa, pero en el trayecto fue arrollado por un automóvil. Max recibió el accidente como un castigo a la homosexualidad que seguía practicando a pesar de su conversión, y se refugió en un monasterio hasta su muerte.

La vida de entre guerras

En los primeros tiempos de la postguerra Picasso fue en el verano a Saint-Raphael, entre Antibes y el golfo de Juan, donde encontró la playa de sus sueños. Años más tarde trasladó definitivamente su residencia a este lugar paradisíaco que había pintado en París antes de conocerlo: una playa de arena blanca, rocas y pinos sobre un mar en calma.

En julio de 1921 supo que Olga estaba embarazada, y su alborozo fue grande. Pintó inmediatamente al bebé que Olga iba a darle, y cuando nació hizo innumerables bocetos de Paulo y Olga. La situación económica era excelente, Olga consiguió un aya, una doncella y un chofer.

Una subasta impresionista preocupó mucho a Picasso: eran las colecciones de Uhde y Kahnweiler que habían sido confiscadas en 1941 por ser bienes de ciudadanos enemigos. Se vendieron telas de Braque y de Juan Gris. De Picasso se vendieron 132 telas que, por fortuna, no causaron deterioro a su economía.

Las vacaciones de verano fueron en Fontainebleau, donde pintó *Los tres músicos:* un arlequín, un Pierrot y un músico con máscaras. Con esta pintura quería despedirse de la época de juventud; él es arlequín, Pierrot es Apollinaire y el monje es Max Jacob. De esta manera decía adiós a una época que quedaba clausurada. Él ya tenía cuarenta años y era padre de familia, Apollinaire había muerto y Max Jacob estaba en el monasterio de Saint-Benoit.

No hay que fijar límites a la naturaleza, y menos aún copiarla; hay que dejar que los objetos inanimados se revistan de apariencias reales.

Olga buscaba pasar los meses de verano en lugares exclusivos, por eso fueron en 1922 a Dinar en Gran Bretaña, una playa rocosa y azotada por los vientos que recordaba a La Coruña. Después de una estadía en el hotel alquilaron una villa cerca del embarcadero y Picasso se dio a pintar el paisaje marino, los veleros que surcaban las aguas, las agujas de la catedral, pero también la vida cotidiana, naturalezas muertas, pescados de formas geométricas y maternidades. En ellas idealizaba a Olga. Parecía haber alcanzado la felicidad en su vida conyugal.

Pablo, como Cocteau, fue regresando al clasicismo; en 1922 el poeta escribió una nueva versión de *Antígona* de Sófocles, que llevó a escena. En esta ocasión los decorados fueron de Picasso y el vestuario de Gabrielle *Cocó* Chanel. Para entonces, Cocó Chanel ya era una afamada modista, tenía cuarenta años y usaba el pelo a lo *garçon;* Picasso asistía con frecuencia a las recepciones que ofrecía en su palacete particular, tan majestuoso que el jardín se prolongaba sobre los Campos Elíseos. Allí Picasso tenía una habitación reservada donde se alojaba cuando venía de Fontainebleau a visitar a sus marchantes.

Prefería quedarse en el palacete de Cocó Chanel antes de ir a su apartamento frío y solo. Para el decorado de *Antígona*

Picasso parecía no tener prisa. Tres días antes del estreno se presentó con el boceto de la obra. El telón iba a ser una tela de yute azul que caería sobre el escenario semejando una especie de formación rocosa. Un orificio en la mitad estaba diseñado para dar paso a las voces de un coro. A su alrededor, máscaras griegas y debajo un panel que semejaba mármol. Para instalarlo el pintor le agregó tres columnas dóricas. La obra se presentó más de 100 veces y la fama unió los nombres de Picasso y Cocó Chanel.

A pesar de la estabilidad del matrimonio no faltó en ese tiempo el enamoramiento fugaz de Picasso de Sara, la mujer de Gerald Murphy, un pintor norteamericano. Se conocieron en una gran fiesta de disfraces que los Murphy ofrecían en una barcaza en el Quai d'Orsay. Una alfombra roja esperaba a los invitados y en el interior las percusiones del jazz animaban la reunión. Sara, con gran ingenio, había preparado unos pequeños juguetes para decorar las mesas. A la fiesta asistieron Diaguilev, Stravinsky, Cocteau, Tzara y Cocó Chanel. Picasso quedó prendado del ingenio y la belleza de la anfitriona. Pintó innumerables telas con su rostro, pero no obtuvo jamás los favores de Sara. Ante esto, al regresar a París vendió todos los cuadros para dar por terminado el asunto. Por el contrario, los retratos del pequeño Paulo en las distintas edades de su infancia fueron rigurosamente guardados. En 1929 pintó el último, donde aparece Paulo parado al pie de su primera biblioteca.

André Breton visitó a Picasso en el verano de 1923 y las relaciones entre ellos se hicieron muy cercanas desde ese momento. Breton pertenecía al dadaísmo, movimiento fundado por Tristan Tzara en 1920. El carácter de Breton, revolucionario y anarquista, marcó de manera especial a Picasso. El dadaísmo estuvo conformado por pintores, poetas y escritores. Entre estos Éluard, Aragón y André Breton y entre los pintores Francis Picabia y Max Ernst.

El surrealismo pronto ganó adeptos entre los dadaístas, quienes se sintieron interesados en la propuesta del *Manifiesto surrealista* de Breton. El surrealismo partió del automatismo psíquico sin mediación de la razón. Picasso admiraba el surrealismo pero nunca militó en sus filas. Su postura frente al arte había sido muy racional, no podía adherirse a una forma de trabajo que privilegiaba los sueños, los estados de alteración y hasta las experiencias de desequilibrios síquicos documentados en los hospitales psiquiátricos. El arte debía dar paso al inconsciente siguiendo el pensamiento de Freud.

Muchas de las obras de Picasso eran estéticamente cercanas al surrealismo; *Las señoritas de Avignon* fue incluido en la revista *La Révolution Surréaliste* y *La mujer en camisa* fue señalada como una de las obras surrealistas más notables. Al movimiento pertenecieron: Arp, Miró, Klee, Ernst, De Chirico, Masson, y en sus exposiciones siempre incluyeron obras de Picasso.

Olga no mostró nunca interés por el trabajo del pintor, era quizás la única persona que no admiraba su arte. Pensaba que el trabajo lo absorbía demasiado y ella no estaba dispuesta a sacrificar su vida social; para Picasso el amor de su hijo lo llenaba todo.

El estilo de Picasso vuelve a sufrir una nueva y profunda variación. *La danza* (1925) es la obra que marca esta nueva etapa. Es una gran tela donde tres personajes se asoman al balcón. El neoclasicismo ha quedado atrás. No descompone ahora las figuras como en la época cubista, pero éstas se aproximan a una nueva categoría: la de lo monstruoso. En la obra el personaje central sufre una especie de crucifixión; a la derecha, de perfil, está un hombre cuyas manos terminan en clavos y a la izquierda una bailarina monstruosa con una enorme boca roja llena de dientes amenazantes.

Es una especie de danza de la muerte, que habría que relacionar con la muerte de Ramón Pichot, un antiguo amigo de sus primeros tiempos en París. La figura de perfil es una alegoría de la muerte y la de la derecha al parecer evoca a Germaine Pichot, la mujer que había provocado el suicidio de Casagemas. A *La danza* le siguió otra obra capital, *El beso,* donde la categoría de lo monstruoso se colma de erotismo. Se fusionan bocas, ojos, sexos de dos monstruos. Es un verdadero frenesí sexual.

Los biógrafos han querido vincular esta nueva etapa de Picasso con su vida personal y particularmente con su relación de pareja. Olga comenzaba a mostrar unos celos enfermizos, no sólo hacia las mujeres cercanas al artista, sino también hacia las que habían pasado por la vida de Picasso, en especial Fernande Oliver.

Desde el punto de vista estético este nuevo giro habría que vincularlo con el ambiente de libertad artística creado por el surrealismo. En este período se reafirma una sentencia de Breton: "La belleza será convulsionada o no será".

En 1926 volvió a los "ensamblajes" y construyó una guitarra rodeada de clavos a la que en algún momento pensó en rodear de cuchillas de afeitar. Ya hemos mencionado el simbolismo de la guitarra en relación con el cuerpo de la mujer, por lo que este ensamblaje estaría hablando de la aversión que el artista comenzaba a sentir por Olga. A partir de este momento su esposa desaparece de la pintura.

Picasso fue el artista más fecundo del siglo xx, pues al parecer llegó a la increíble cifra de 30 mil obras. Por aquel entonces (1926) Christian Zervos, un joven estudiante griego que había ido a estudiar a La Sorbona, conoció el arte de Picasso y comenzó a trabajar en el catálogo razonado, que incluye 15 mil obras. Zervos publicó 33 volúmenes de la obra de Picasso precedidos de excelentes prólogos. Este es un trabajo fundamental para conocer la pintura del artista.

María Teresa

Uno tras otro los amores se siguieron sucediendo. En enero de 1927, durante un frío invierno, conoció a una jovencita de tan sólo diecisiete años, que salía con su hermana de uno de los almacenes cercanos a las galerías Lafayette. Picasso la siguió por varias cuadras hasta que encontró la ocasión para acercársele. Le dijo que él era Picasso y que quería hacer su retrato. La belleza de María Teresa lo había fascinado. Alta, mucho más que él, de cabello rubio, de mucho porte y estilo deportivo. Picasso la citó para cualquier día a las seis de la tarde y ella, interesada por cierto encanto de Picasso, acudió a la cita. Nunca le negó que estuviera casado y ella aceptó desde siempre ser su amante, al fin y al cabo también su madre había tenido de joven un amante pintor.

La madre bien sabía quien era Picasso, pero lo que movió a María Teresa no fue precisamente el deseo de figurar en la alta sociedad de París, pues en esto era totalmente opuesta a Olga. Ni la vida mundana ni el arte de Picasso le interesaban, pero definitivamente lo amaba. Deportista consumada y nada intelectual, fue una de las primeras mujeres en tener un gimnasio en su casa. Fueron muchas las precauciones para mantener oculta la relación con María Teresa, que se prolongó a lo largo de varias décadas. Tal vez esa clandestinidad hacía más intensa la relación.

Si al principio tenían que separarse para evitar ser sorprendidos y Picasso viajaba como de costumbre de vacaciones con su mujer, pronto determinaron que no lo volverían a hacer; María Teresa se instalaba como una turista más en las cercanías de la casa donde pasaban el verano los Picasso y se disculpaba en la casa diciendo que se quedaba donde las amigas. Esta situación duró cuatro años hasta que la joven cumplió la mayoría de edad. Como ya no lo podrían acusar de corrupción de menores, alquiló un apartamento para su amante adonde iba con frecuencia. A Olga le decía que iba a vigilar las ventas de sus marchantes.

El pequeño castillo de Boisgeloup, que había comprado en 1930 en Gisors, al norte de París y que servía de refugio al pintor, sirvió también numerosas veces de refugio para los amantes. Era un edificio en piedra del siglo XVIII con treinta habitaciones y un gran patio central. La buhardilla del castillo estaba destinada a Olga y a algunos amigos, y el resto del edificio estaba dedicado al taller. Algunas de las estancias fueron utilizadas como talleres de pintura y otras para la escultura.

Los proyectos de escultura que tenía Picasso eran monumentales, especies de menhires en piedra para colocar a lo largo de las avenidas. Un buen día visitó el taller de Julio González, uno de los contertulios del café Los Cuatro Gatos en Barcelona, que era un artista del metal. A partir de entonces comenzó a diseñar un nuevo tipo de escultura que tenía una base metálica sobre la que extendían innumerables hilos y varillas de hierro de diferentes calibres, para hacer diversas figuras geométricas. Eran esculturas espaciales o lo que se llamó en su tiempo "dibujos trazados en el espacio". Él hacía el diseño y González, que era excelente soldador, construía el ensamblaje. Picasso estaba tan feliz como en la época en que comenzó a elaborar *collages*. A *Cabeza de mujer* no vaciló en ponerle dos escurrideras de ensalada y a *Mujer en el jardín* le agregó laminillas de metal para representar el pelo. Por este nuevo camino llegó lejos.

Fue una época marcada por las esculturas monumentales que se prolongó hasta 1935, año de la separación de Olga. Brassaï fue el fotógrafo oficial de Picasso y existe un libro publicado por éste, *Conversaciones con Picasso*, del cual dijo Pablo que es imprescindible para el que verdaderamente quiera conocerlo. Brassaï llegó en busca de Picasso en 1923 para hacerle una entrevista y el pintor le mostró su taller donde reposaban una gran cantidad de estatuas monumentales. Muchas de ellas reproducían el escultural cuerpo de María Teresa, si bien están inspiradas en la cultura micénica.

Los sentimientos del artista, así como sus problemas personales, quedaron siempre representados en su arte. Entre 1927 y 1928 pintó una serie monstruosa de mujeres deformes y con rostros aterradores. Coincidían estas pinturas con la época de la mayor crisis matrimonial, en la que llegó a arrastrar a su mujer por el suelo tomándola de los cabellos.

Repetía una y otra vez la imagen de María Teresa, particularmente en sus momentos de sueño y de preparación para el amor, por lo que Olga comenzó a sospechar que no eran seres sacados de la imaginación los que poblaban la pintura de Picasso. Por esos días él abandonaba París en la mañana en un automóvil similar al de los reyes, el famoso Hispano-Suizo, y se dirigía a su castillo, donde permanecía hasta la tarde. A partir de las cinco recibía a sus amigos en la terraza en veladas inolvidables.

Fue esta también una de las épocas más fecundas como grabador. Ilustró *Las metamorfosis* de Ovidio y *La obra maestra desconocida* de Balzac. Entre estas múltiples figuras, muchas de las cuales reproducen a María Teresa, aparece una mujer embarazada. En realidad ella quedó encinta por aquellos días. Olga se enteró y la situación entre la pareja se volvió imposible. Paulo ya tenía catorce años. Los trámites legales para obtener el divorcio podrían demorarse ocho años, por lo que la pareja llegó a un acuerdo: Pablo se quedaría con los apartamentos de París y las obras que contenían y Olga con el castillo de Boisgeloup; de alguna manera ella quería vengarse y como sabía que éste había sido el escenario de los amores clandestinos quiso quedarse con él, aunque nunca llegó a pisarlo. Picasso se comprometió también a pasarle una jugosa pensión.

María de la Concepción nació el 5 de octubre. La bautizó así en recuerdo de su hermanita muerta a los cuatro años. Sus padres la llamaban *Maya,* y pasando el tiempo ella prefirió este nombre. La existencia de María Teresa y Maya fue siempre un secreto. María Teresa nunca vivió en el apartamento de Pablo y registró a su hija como "de padre desconocido".

Los amigos de siempre

Por ese entonces Picasso estuvo tentado de volver con Olga, a pesar de que había resuelto invadir el primer piso del apartamento con latas de pintura, telas y todo tipo de desechos, para vengarse de ella y de su sala de recibo. La soledad lo hizo acordarse de Jaime Sabartés, a quien no veía hacía más de treinta años, y resolvió invitarlo para que se instalara en su apartamento como secretario privado.

Jaime estaba casado, así que se instaló con su esposa en el apartamento del pintor; ella tomó las riendas de la casa y Jaime se dedicó a cuidar a Pablo, a no dejar entrar a todos aquellos visitantes que llegaban a diario a golpear a su puerta y a acompañarlo en sus recuerdos de Barcelona y del París de su juventud.

Una faceta desconocida de Picasso es la de poeta. Como sabemos, siempre le gustó rodearse de poetas: Apollinaire, Max

Jacob, Cocteau; en la etapa de los papeles encolados utilizó textos poéticos y finalmente su contacto con el surrealismo lo llevó a la escritura automática. Nunca dejó de escribir poesía, pero la etapa de mayor producción fue la del primer quinquenio del cuarenta. En esos años compuso más de 200 poemas. Los surrealistas querían hacerlo uno de los suyos y pensaban que la fama del artista beneficiaría su movimiento. Su madre, que lo conocía bien y seguía sus pasos, le escribió por entonces una carta donde le decía que de él todo se podía esperar, inclusive hasta que un día le diera por decir misa.

Gertrude Stein fue franca y se atrevió a decirle que el mundo de la poesía no era el suyo. Picasso reaccionó fuertemente, pero terminaron abrazándose. Para él los poemas siempre fueron importantes porque consideraba que expresaban lo que no podía decir su pintura.

Después de la separación, Picasso le dijo adiós a la vida del gran mundo, a los bailes de disfraces, a las recepciones de gala, y volvió a frecuentar los ambientes que lo habían hecho feliz: ya no iba tanto a Montparnasse, sino a Saint-Germain-des-Prés. El grupo de amigos, los Braque, los Breton, los Zervos, que antes se sintieron abandonados, pensaron que lo habían recuperado. Sabartés tampoco lo abandonaba, si bien no tenía mayor interés en la vida de los cafés. De esta manera Picasso podía hacerle frente a la soledad de su vida en pareja: estaba rodeado de amigos y podía decirle adiós a la etapa social que había llevado con Olga.

Iba al café sólo a charlar, pues no le gustaba beber. La fama había crecido y lo rodeaban no sólo amigos y marchantes, sino también admiradores y curiosos que iban en busca de un autógrafo; le agradaba verse rodeado de gente. Dentro del grupo de admiradores surgió una amistad que lo acompañaría hasta la muerte, la del poeta Paul Éluard, que llegó a ser su amigo más íntimo.

Como estaba ilustrando la *Historia natural* de Bouffon, iba todos los días con Sabartés al taller de impresión que quedaba cerca al Sacré-Coeur y se encontraba de paso con los amigos de otros tiempos. Fredé ya envejecido se sentaba a la puerta del Lapin Agile.

La fotógrafa Dora Maar

Y fue precisamente en Saint-Germain-des-Prés donde Picasso conoció a quien habría de ser su segunda amante, Teodora Markovich, conocida como Dora Maar, hija de padre yugoeslavo y de madre francesa. En una mesa vecina a la que ocupaban Picasso y Sabartés estaba Dora, una niña muy bonita de pelo negro y ojos azules, que había vivido en Argentina. Era fotógrafa y estaba encargada de hacer un reportaje fotográfico al pintor. De esta manera se conocieron, se gustaron y fueron amantes desde el primer día.

En el terreno político, este año de 1936 marca el inicio de la Guerra Civil española. Los anarquistas quemaban iglesias y conventos, y a raíz del asesinato por la guardia civil del político y hombre de Estado José Calvo Sotelo sobrevino la insurrección del general Franco. Los artistas españoles residentes en París se dividieron: unos apoyaban la república y otros a los rebeldes, como el mismo Salvador Dalí. El conflicto armado duró 32 meses y en él murieron 1.200.000 personas.

Picasso apoyaba a Manuel Azaña, presidente legítimo. Los surrealistas apoyaron, por supuesto, al Frente Popular; algunos de ellos comenzaron a militar en el Partido Comunista. Manuel Azaña nombró a Picasso director del Museo del Prado, cargo que nunca ocupó por las limitaciones de la guerra, pero la vida lo volvía a poner con este gesto en el camino de su padre, quien también había sido conservador de un museo.

El poeta Éluard tenía por esposa a Nush, una mujer que le parecía encantadora a Picasso, y Éluard pensaba que debía ser generoso con ella, porque los maridos no tenían exclusividad sobre las mujeres. Con estas ideas no encontró ningún reparo en ofrecérsela a Picasso, lo que para Nush no representó tampoco problema, y Picasso, como era de suponerse, tampoco tenía ningún problema en aceptarlo. Al poco tiempo trajo a Dora a pasar una temporada y las relaciones con Nush desaparecieron sigilosamente. El escenario de estos amores fue Cannes, sobre la Costa Azul.

Allí en el hotel Vaste Horizon recibían Éluard y Picasso a sus amigos. Todas las mañanas iban a bañarse en Cannes o al golfo de Juan, y almorzaban tarde bajo el emparrado del hotel. Desde entonces, Picasso comenzó a utilizar la pantaloneta blanca y la camiseta con rayas de marinero que caracterizaba su atuendo durante las estadías en el Mediterráneo. Le gustaba burlarse de Hitler, que era el personaje público del momento, y se ponía un cepillo de cerdas gruesas bajo la nariz para imitar la voz del dictador.

Las vacaciones se prolongaron hasta septiembre, y de regreso Dora y Picasso llevaron en su automóvil Hispano-Suizo a dos empleadas jóvenes y bonitas para su servicio. El apartamento de la calle La Boétie era un verdadero desastre y se hacía necesario disponer de servidumbre. Marcel Boudin, el chofer, era un mago acomodando las pinturas, telas, caballetes y demás elementos en la bodega del automóvil.

Picasso, muy generoso con los coterráneos varados en París, tenía fama de tacaño en la vida diaria. Poco le renovaba el vestido a Boudin, e inclusive en ocasiones él mismo se vestía con trajes acabados, propios de un mendigo. Un buen día se negó a comprarle un nuevo traje a su chofer y para eso puso de ejemplo su propio vestido, viejo y desgastado. Ante la negativa, Boudin le dijo que una cosa era Picasso, que era el amo y el rico, y otra él que era sólo el chofer.

Para Picasso abandonar los lugares donde había vivido era difícil y tuvo que salir del apartamento en la Boétie porque era parte de los acuerdos de la separación de bienes con Olga. Se trasladó a una vieja granja situada en Tremblay-sur-Mauldre, ceca de Versalles. Allí había albergado a María Teresa y a Maya y trabajaba todas las tardes.

Entre tanto, Dora abandonó la casa de sus padres y se trasladó a un apartamento situado en el mismo edificio adonde se había mudado el pintor, el Savoir-Carignan, en la rue des Grands-Agustins. A Picasso le recordaba el Bateau-Lavoir y había sido el escenario donde se desarrollaron los episodios de *La obra maestra desconocida*, la obra de Balzac que había ilustrado. Allí vivió y trabajó hasta 1966, durante sus estancias en París.

Dora no fue bienvenida por los Sabartés, quienes creían que su presencia venía a complicar aún más la vida de Picasso, quien al sentirse juzgado en secreto por la pareja que lo acompañaba a los quince meses de haber contratado a Sabartés, le canceló sus servicios. Al parecer, Picasso nunca le había pagado con generosidad y éste se tuvo que refugiar en un apartamento modesto con su mujer; sobrevivió hasta su muerte haciendo pequeños trabajos de escritura.

Guernica

En 1937 Picasso se puso abiertamente del lado de los republicanos; en parte Éluard y Dora lo convencieron. También en el 37 se iba a inaugurar la Exposición Internacional y el gobierno español le encargó la decoración del pabellón nacional. Los días pasaban y Picasso, a quien poco le agradaban las obras por encargo, seguía trabajando en lo propio y pintando el retrato de sus amantes. Por esos días se trasladó a su nuevo taller, espacioso y amplio, un tanto escabroso y vetusto, con escaleras de caracol y pisos y techos polvorientos. El primero de mayo comenzó a pintar *Guernica*.

Guernica era una pequeña ciudad de Vizcaya que fue destruida el 26 de abril a las 7:30 de la noche por los bombardeos de la legión alemana Cóndor, que, junto con las divisiones alemanas, apoyaban a los nacionalistas.

Los muertos en Guernica llegaron a 1.500, en su mayoría civiles. La noticia conmocionó al mundo entero y fue el primero de la serie de bombardeos que aterrarían al mundo, incluyendo años después, durante la Segunda Guerra Mundial, los de Hamburgo, Dresde, Hiroshima y Nagasaki.

La tela tenía grandes dimensiones, pues medía 7,82 por 3,51 metros, y el taller del Savoie-Carignan resultaba perfecto para hacerla. La obra se culminó a finales del mes siguiente. Picasso realizó 45 apuntes preparatorios, que Dora Maar tuvo el cuidado de registrar fotográficamente; estos apuntes resultan hoy parte imprescindible de la historia del arte del siglo XX.

Las dos obras maestras de Picasso son *Las señoritas de Avignon* y *Guernica*. Esta última es una suma de violencia, crueldad y barbarie que anticipa los años venideros de la humanidad y recoge la experiencia del artista en sus últimos diez años tratando de dar forma al sentimiento de violencia.

Guernica no es sólo el símbolo de la Guerra Civil española, ya que ella significa la violencia del mal en todo su horror. Sin embargo, no fue valorada de esta manera en su época: a los republicanos les resultaba poco comprometida y, sobre todo, poco significativa para el proletariado. Llegaron a pensar en no utilizarla para la exposición, pero la fama de Picasso era muy grande y hacerlo podría resultar contraproducente.

La obra acrecentó el prestigio de los republicanos en el mundo entero y acompañó una serie de exposiciones a favor de esta causa. Estuvo mucho tiempo en el MoMA (Museo de Arte Moderno de Nueva York). En España no se expuso sino hasta 1981, después de la muerte de Franco, como había sido la voluntad expresa del pintor.

Los veranos del 37 y del 38 los pasó también en Mougins con Éluard y Dora en el Vaste Horizonte. Por las mañanas salía a la playa a recoger conchas o piedritas talladas por el mar. En las tardes iba en su auto a Niza, cuyas calles estrechas le recordaban a Barcelona, a visitar a Matisse, el único pintor contemporáneo que él reconocía como posible competidor.

Estos viajes en el auto lo llevaron a descubrir un pueblito de alfareros, Vallauris, ya para entonces con los hornos casi en extinción, pero que llegaría a ser muy importante en el trabajo del artista.

Sus relaciones amorosas de aquel entonces estaban totalmente fragmentadas. La cara de Dora en las telas de la época se llenó de dolor, ella había llegado a su vida precisamente en el conflicto de la Guerra Civil y pintó su rostro mil veces descompuesto y roto, lo que sus anteriores mujeres, Fernande y Olga, no habían permitido. Además de fotógrafa, Dora había sido pintora y era una mujer inteligente con la que era posible hablar de pintura, política y filosofía. En la etapa de *Guernica* no sólo fue la fotógrafa, sino también la consejera de estructura, composición, color y tema.

María Teresa representó para Picasso la armonía física, la tranquilidad y la comprensión. Vivió con Maya y su madre en Tremblay, a más de 40 kilómetros de París, que fue siempre un refugio espiritual para el pintor.

Los retratos de las dos amantes se multiplicaban, Picasso quería renovar el género. Usaba colores estridentes, rostros estriados formados por cuerdas y nudos, fosas como cavernas y narices de perro, cabezas con cuerpos de pájaros.

El rostro de Dora fue muchas veces fragmentado y reproducido en trozos angulosos siempre llorando; al parecer Picasso gozaba con sadismo de su relación, con frecuencia la hacía llorar y salir de sus casillas. Los rostros de Maya y María Teresa eran siempre más suaves.

La vida privada resultaba un caos y la situación de España se agravaba por la anexión de Austria a la causa alemana. El conflicto podía llegar a ser mayor, afortunadamente la capitulación de Munich lo zanjó. Pero el arte de Picasso se llenó de angustia e inquietud

En la primavera del 38 se encontró por casualidad con Sabartés en uno de los restaurantes de Saint-Germain-des-Prés e hicieron las paces tras un año de disgusto en el cual se enviaron con sus amigos todo tipo de recriminaciones; pero, como era de esperarse, Sabartés nunca fue al apartamento de La Boétie para no encontrarse con Dora. El sitio de reunión era el taller de los Grands-Agustins y Picasso le encargó pasar sus poemas a máquina. Cuando el 13 de enero de 1939 murió doña María de ochenta y tres años, en Barcelona, Pablo no pudo asistir al entierro por los problemas de la guerra, pero Sabartés sí lo hizo.

Los republicanos perdieron la guerra. La muerte de la madre coincidió con la entrada de las tropas franquistas a la ciudad. Tras la caída de Barcelona tomaron Madrid. El gobierno republicano se refugió en Gerona y Figueres y en marzo, tras la derrota total, 500 mil españoles cruzaron la frontera.

Picasso siguió ayudando a sus compatriotas en el exilio como había sido su costumbre, y llegó a comprar la colección completa de un escultor de su tierra cuyas obras no se vendían. Estaba dispuesto a ayudar a los artistas siempre y cuando no representaran para él competencia.

Pablo tuvo por mucho tiempo la fama de ser poco aseado. Fernande cuenta que en la época del Bateau-Lavoir utilizaba la bañera como biblioteca para arrumar libros; así y todo, en el 39 se dio a la tarea de arreglar el taller de Grands-Agustins, al que le puso calefacción central e inclusive un cuarto de baño.

La Costa Azul

En 1939 Pablo y Dora estuvieron durante el verano nuevamente en la Costa Azul. Se instalaron en Antibes, en un apartamento muy agradable que tenía dos alcobas y vista sobre el mar. Pero el 21 de julio recibieron la triste noticia de la muerte de Vollard, el marchante de arte, que había muerto en su auto a causa del golpe que recibió al caerse una escultura de Muillol sobre su cabeza. El chofer tenía el mismo nombre del de Picasso, Marcel, razón por la cual el pintor tomó la determinación de liquidarlo y vender el auto. Dora lo convenció de que, por el contrario, se debía dirigir a París en su auto para asistir al entierro de Vollard.

De regreso llegó con Sabartés, a quien invitó porque no conocía lo que en Francia se denomina la Midi. Estuvieron en Cannes, Mougins, Niza y Mónaco, y Dora, en contra de lo que esperaba Sabartés, no le hizo ningún desplante.

En la noche veían desde el puerto a los pescadores dedicados a sus faenas. De esta época es una de las obras más sobresalientes del autor, *La pesca nocturna en Antibes*, un lienzo de nueve metros cuadrados donde se evocan barcos equipados con fanales para atraer y deslumbrar a los peces.

Gran Bretaña y Francia estaban en negociaciones de paz, pero Stalin y Hitler firmaron un pacto de no agresión y aquél le garantizó a éste que podía atacar a Polonia y a las otras naciones que la apoyaran. La guerra era entonces inevitable.

Picasso estaba en Antibes, era el mes de agosto de 1939 y veía desfilar los camiones de color caqui. La gente se pegó al radio para escuchar las noticias y abandonó las playas. Picasso guardó sus pinceles y decidió regresar a París. Quería reunir en cajones los objetos que tenía en Boisgeloup, Tremblay, La Boétie y los Grands-Agustins, pero la tarea resultaba agobiante.

Resolvió entonces salir de París e ir a Royan, donde María Teresa y Maya estaban de vacaciones. Llegó con Dora y Sabartés y se alojaron en el Hotel del Tigre. El 3 de septiembre Gran Bretaña y Francia le declararon la guerra a Alemania después del ataque a Polonia.

Pablo tenía a sus dos amantes en Royan, y para solucionar sus problemas amorosos alquiló una habitación donde supuestamente iba a trabajar. Pero un día María Teresa vio a Dora bajarse del Hispano de Picasso y ésta alcanzó a darse cuenta de la cara de sorpresa de María Teresa. Desde entonces se declararon la guerra, situación que complacía a Pablo, pues él era la persona en disputa y se sentía halagado.

Estuvo varias veces en París en el invierno de 1940 y lo encontró gris y amenazador. El ejército francés fue derrotado y una división motorizada alemana entró en Royan. Pablo no era partidario de los franceses ni tampoco de los alemanes.

París bajo el poderío alemán

Los Grands-Agustins era un lugar ideal para Pablo. Un Bateau-Lavoir de lujo. Allí sí cabían sus cuadros y era posible vivir como pobre, pero con mucho dinero, como decía que le gustaría vivir. Representaba de alguna manera una vuelta al pasado y un reencuentro con los amigos de entonces.

Contra lo que él hubiera podido esperar, los alemanes no lo persiguieron. Guardó sus cuadros y los de su colección particular con obras de Cézanne, Renoir, Matisse y Rousseau en dos cámaras fuertes de un banco. Durante los primeros meses de la ocupación de París, Pablo pintó poco. La guerra no significó una ruptura en su arte. Verdaderamente esta no era su guerra como sí lo había sido la Guerra Civil española.

A pesar de ser asiduo de Le Catalan, el restaurante que quedaba al lado de su residencia, los cuadros de esta época dejan ver el hambre como tema cotidiano. Las naturalezas muertas lo revelan: las cacerolas que dibuja están vacías y las cafeteras también. Europa estaba apartada del resto del mundo y el café era sustituido por una bebida con base de cebada que se conocía como "café nacional". En otras ocasiones evocaba la buena mesa, como en *Muchacha con langosta, Naturaleza muerta con pollo* y *Naturaleza con morcilla.*

El conflicto entre María Teresa y Dora se agudizó. Pablo tenía por costumbre enviar a María Teresa los mismos vestidos que Dora compraba en las tiendas y un día le enviaron a Dora por equivocación el vestido de María Teresa, ésta se enfureció y fue a hacerle el reclamo a Dora en su casa. Pablo se encerró en la habitación del lado para gozar de esa situación.

Entre el 43 y el 44 Alemania comenzó a perder la guerra y los Aliados triunfaron en Stalingrado y África y desembarcaron en Italia. El régimen de ocupación se endureció y se desarrolló la resistencia, por lo que las deportaciones aumentaban.

Varios de los poetas cercanos a Picasso fueron deportados. Robert Desnos, poeta surrealista, fue detenido por la Gestapo mientras se vestía para huir. Max Jacob fue deportado en febrero a Alemania. Fue sacado del convento de Saint-Benoit-sur-Loire, pues, a pesar de haberse convertido, era judío. Le escribió a Picasso pidiéndole ayuda, pero éste no lo escuchó, como tampoco quiso firmar la carta que Cocteau escribió para defenderlo. Picasso era muy prudente y no quería intervenir en el asunto. Los buenos oficios de Cocteau dieron su fruto, pero cuando la orden de liberación llegó ya era tarde: una semana antes Max había muerto de pulmonía.

Las múltiples ocupaciones de Picasso en aquellos días lo llevaron a encontrar inesperadas formas de olvidar los horrores de la guerra. Organizó con sus amigos una lectura dramatizada de la farsa de Albert Camus, *El deseo atrapado por la cola*. Camus hacía las veces de director y golpeaba fuertemente el piso con el bastón para indicar los cambios de escena. En ella actuaron Dora Maar y Simone de Beauvoir y entre el público estuvieron Lacan, Sartre, Braque y Sabartés. Picasso fue el actor más celebrado.

La escultura le sirvió también de alivio a sus preocupaciones. Los espacios amplios en la Rue des Grands-Agustins le permitieron volver a este arte y fue entonces cuando realizó algunos de los más famosos ensamblajes: *La grulla,* fabricada con una patineta, una barra metálica y una pluma, y *Cabeza de toro,* hecha con la manilla y el sillín de una vieja bicicleta. También data de esta época su escultura más famosa, *El hombre del carnero,* fundida en bronce. Un pastor gruñón inspirado en Ambroise Vollard porta sobre sus hombros un carnero.

Por ese entonces los alemanes se apoderaban de los bustos que decoraban las plazas para fundirlos y fabricar con ellos gigantescas estatuas de Hitler. No se sabe cómo logró Picasso encontrar el cobre y el estaño necesarios y la manera de transportarlos sin ser visto.

París fue liberado el 24 de agosto después de cinco días de haber comenzado la ocupación de los aliados. A las ocho y treinta de la noche las campanas de Notre Dame tocaron a vuelo. Los aliados habían llegado al pie del hotel de Ville.

La postguerra y la fama

Muchos miembros del ejército de los aliados fueron a visitar al maestro; al parecer la primera que se presentó fue una joven fotógrafa corresponsal de guerra de Vogue. Picasso respondía con agrado las preguntas sobre su arte que, como es de suponerse, desconcertaba al público, que siempre quería saber qué era lo que Picasso había querido representar. Cuentan que una vez una estadounidense le preguntó qué representaba un cuadro y él le respondió, sin pensarlo dos veces: "pues, mire usted, ¡este cuadro representa 500 mil dólares!".

El fin de la guerra le trajo la fama a Picasso, el Museo de Arte Moderno de Nueva York inauguró una retrospectiva en noviembre de 1939 que tituló "Cuarenta años de arte", la cual incluía 344 obras. La exposición recorrió varias ciudades de los Estados Unidos, como lo habían hecho meses atrás los estudios de *Guernica*.

Las noticias culturales que venían de París siempre tenían que ver algo con Picasso. Su pintura causaba un gran impacto y la permanencia en París a pesar de la ocupación fue considerada como un acto de resistencia. Se llegó a afirmar que había sido fusilado por los nazis.

El retrato que hoy se difunde de Picasso corresponde a este momento de la postguerra. No faltó el periodista que lo llegó a ver como "un pequeño dios oriental" y Cocteau se refería a él como al "monstruo sagrado", títulos que justificaban no sólo sus grandes dotes, sino sus defectos.

Dadas estas circunstancias, su afiliación al Partido Comunista fue recibida con gran sorpresa. Gran parte de quienes rodeaban al artista ya eran comunistas. Afiliarse al partido representaba para él un golpe publicitario. Ya tenía sesenta y tres años y los artistas del momento eran otros: Duchamp y Kandinsky. El partido era para él un poderoso protector, y se sentía el más notable de sus miembros.

Más que el convencimiento de las bondades sociales del partido, lo que llevó a Picasso a militar dentro del comunismo fue la necesidad de identificación con un grupo político al que pertenecían sus amigos. No era una postura política, si bien su antifranquismo resultaba coherente con la posición tomada.

El Salón de Otoño de 1944 exhibió 60 obras del artista que habían sido tomadas durante la ocupación. En ella los cuerpos estaban torturados y las formas anatómicas desarticuladas. La muestra fue abucheada, se pedía descolgar los cuadros y algunos estudiantes de bellas artes llegaron a hacerlo. Tuvo que intervenir la policía. El episodio no fue ajeno a la adhesión de Picasso al Partido Comunista. No se ocultó tampoco la verdad de su supuesta resistencia, que había consistido, como la de tantos parisinos, en mirar la guerra ocultos tras las ventanas.

Había quienes apoyaban a Picasso y llegaban a tildar abiertamente a sus enemigos de fascistas. Entre estos, unas jóvenes del Frente Nacional de Estudiantes de filiación comunista quisieron hacerle una entrevista con el ánimo de brindarle su apoyo. Fue así como conoció a Geneviève la Porte, una joven de diecisiete años, rubia y alta, que años más tarde sería otra de sus mujeres.

El fin de la guerra trajo de regreso a muchos de los antiguos amigos, quienes no encontraron satisfactoria la adhesión de Picasso al Partido Comunista francés. Entre ellos el marchante de arte Kahnweiler, cuyo público era el norteamericano. Pero, ¿qué podía hacer él para convencerlo de las bondades del arte de Picasso, que ahora militaba abiertamente en el terreno enemigo?

Gertrude Stein, aquella acaudalada joven que había resultado ser una mecenas para el artista en sus primeros tiempos, estaba ahora vieja y sufría de un cáncer que más tarde la llevaría a la tumba. Picasso se había olvidado de lo que había significado en su carrera artística, ideológicamente estaban en bandos opuestos. En un último gesto de admiración por el artista, Gertrude donó al Museo de Arte Moderno de Nueva York el retrato que le había hecho.

No podemos dejar de señalar los atropellos que cometió Picasso con sus mujeres. A Françoise Gilot, una de sus amantes, continuamente la recriminaba, pues según decía, no pretendería que él la hiciera su compañera permanente, o por haber vuelto a su lado la repudiaba con frases como: "No sé por qué te permití volver. Hubiera hecho mejor yendo al burdel".

Dora Maar fue su víctima. Cayó en una profunda depresión que la llevó a dar signos de locura, deambulaba por los muelles del Sena en busca de objetos supuestamente perdidos. Pero Picasso no quería aceptar su culpa; según él, los responsables eran los amigos surrealistas de Dora, los que habían perturbado su mente al exaltarla sin razón. La depresión extrema de Dora obligó a Picasso a consultar al doctor Lacan, a quien conocía de tiempo atrás por las publicaciones en la revista *Minotauro*, el mismo médico que había participado en la farsa representada por Camus y sus amigos. Dora fue hospitalizada y se le aplicaron electrochoques, e inició con Lacan un tratamiento psicoanalítico que no representó mayor ayuda. Se volvió entonces mística y se hizo budista antes de refugiarse en una profunda soledad.

Casi al final de la guerra, en el año 45, Picasso pintó un gran lienzo, *El osario,* en honor de las víctimas inocentes del conflicto. Los cuerpos aparecen hacinados en una cocina que recuerda las escenas de los campos de concentración, pero esta tela, que fue anterior al descubrimiento de los mismos, de alguna manera es una anticipación del holocausto y del horror. La pintura no agradó a los miembros del partido porque no anticipaba una luz de esperanza que dejara ver que la resistencia no había sido inútil. Pierre Doix, un joven militante del partido, que iba a ser uno de los mejores amigos y críticos del artista, fue consultado previamente.

El 8 de mayo terminó la guerra. A partir de las semanas que siguieron, y durante todo el verano de 1945, el desfile de turistas y admiradores del artista de Málaga fue constante, hasta el punto de que Jaime Sabartés se vio obligado a escribir la palabra *aquí* arriba de la puerta de la casa de Picasso.

Françoise

Después de seis años regresó al mediodía francés y compró una hermosa casa en Ménerbes con una espléndida vista en la Provenza. Se la regaló a Dora. Ya en ese momento tenía la decisión de separarse de la pintora para unirse a Françoise, su amante preferida. Dora, con el paso de los días, se fue dando cuenta de que el regalo era una despedida y se sintió profundamente triste.

Instalado de nuevo en París se dedicó a la litografía, abandonó el taller des Grands-Agustins y se refugió en otro cerca de la Estación del Norte, oscuro y desordenado, pero que le permitía apartarse del sinnúmero de visitantes que acudían en su búsqueda. Realizó más de 200 litografías y trabajó esta técnica entre el 46 y el 49.

Françoise regresó de sus vacaciones en Gran Bretaña a fines del otoño del 46 y descubrió el amor que le dispensaba Picasso en el rostro de las mujeres de las litografías del taller de Mourlot, que se le parecían mucho. Pablo entonces sometió a Dora a un nuevo dolor; como Françoise no quería aceptar irse a vivir con él, la llevó a una entrevista con Dora para que ella le testificara que no tenía nada que ver con él. Dora, por supuesto, lo hizo, pero no dejó de manifestarle el despropósito de irse a vivir con esa colegiala y le pronosticó que esa unión no duraría más de tres meses. En mayo del 46 unieron sus vidas, pero duraron apenas siete años.

Ahora el tema era Françoise, como antes lo habían sido Olga, María Teresa y Dora. *Mujer flor* es el cuadro que mejor la representa. El cuerpo es un elemento vegetal del cual cuelgan como frutos los senos de la joven.

Contra lo que podría esperarse, Picasso le pidió prestada a Dora la casa de Antibes, para irse con Françoise durante las vacaciones de verano, episodio que resultaba molesto tanto para Dora como para Françoise. Pero la casa parecía vengarse, estaba llena de escorpiones que aterraban a Françoise y el ruido de los bocinazos con que se divertían los campesinos, si bien agradaban a Picasso a Françoise la perturbaban. A él no porque tenía inclusive su bocina en París y le gustaba hacerla sonar muy fuerte. Las bocinas resultaban ser unos elementos de mal gusto que aturdían con estruendos las calles de París. Picasso fue poco amante de la música, fuera de la española no le gustaba ninguna otra.

El calor era insoportable y vivían prácticamente encerrados en la casona. Pablo tomó por costumbre leerle las cartas de amor que le enviaba María Teresa asegurándole que ella era incapaz de amarlo como su amante. Un día Françoise quiso huir y se fue a pie a Marsella en busca de unos amigos para que le prestaran dinero, pero Pablo envió por ella a Marcel en el Hispano, se disculpó y le propuso tener un hijo, pues él consideraba que eso le traería tranquilidad al estar en armonía con la naturaleza.

Concibieron a Claudio poco después, no en la casa de Dora Maar, sino en una villa de Camp d'Antibes donde fueron invitados. Françoise no quería regresar a Ménerbes, prefería el mar, por lo cual fueron al golfo de Juan, donde Picasso conoció al curador del museo de Antibes y le propuso decorar las salas. Como la humedad hacía imposible pintar sobre las paredes recurrió a las telas, y en ocasiones utilizó sin autorización las propias telas del museo.

Dedicó cuatro meses de su estadía a pintar una gran tela que hablaba muy a las claras del momento de plenitud que vivía: *La alegría del vivir,* que representa a una mujer con cuerpo de planta que danza rodeada de cabritos y sátiros. El Mediterráneo lo acercaba de nuevo al mar de su infancia. Antibes significa en griego "la ciudad de enfrente", por lo que no es gratuito el nombre de una de sus telas, *Ulises y las sirenas* (1947), que es un homenaje al mar de los griegos.

Pablo volvió a pintar los erizos que pescaba en su infancia en Cadaqués y que ahora vendían los pescadores de Antibes. Entró también en este momento el búho en su mitología. Un día se posó sobre la torre del palacio Grimaldi un búho herido que no podía volar y Pablo le entablilló una pata. El búho se hizo su amigo y lo acompañaba posado en el caballete mientras él pintaba. Un buen día resolvió pintarlo transfiriéndole sus propios ojos.

En el verano del 46 volvió a Vallauris, el poblado de alfareros que había visitado en el 37 y que habría de ser tan significativo en su carrera. Pintó unos cuantos erizos y peces en algunos platos de arcilla roja, preparando involuntariamente el camino de lo que sería una de sus grandes realizaciones estéticas.

La estadía se prolongó hasta el mes de noviembre y durante ella pintó una gran cantidad de cuadros: veintitrés pinturas para el museo, catorce óleos sobre papel y treinta dibujos. En aquel noviembre murió Nush Éluard, la esposa del poeta, de una hemorragia cerebral; sólo tenía treinta y nueve años. Picasso asistió a su entierro acompañado de Dora; el dolor de ambos, cuentan los que los vieron, era muy grande. También perdió por esos días a su amigo Breton porque este no quiso entender las razones de Picasso para hacerse comunista y le negó para siempre su amistad.

Françoise tuvo que hacerse su propio espacio en des Grands-Agustins. Sabartés poco comprendía la necesidad de que Picasso tuviera otro amor, y menos aún Inés, la empleada que acompañaba a Picasso desde tiempo atrás y a quien el artista retrataba cada Navidad. Ella llegó a tener una colección de retratos que resultaba envidiable para muchos.

Entre tanto la fama del artista crecía y comenzó a hacer donaciones a los museos, entre ellos al Museo Nacional de Arte Moderno. Sabartés publicó un libro, *Picasso, retratos y recuerdos,* y el museo de Arte Moderno de Nueva York organizó una retrospectiva que tituló "Picasso, 50 años de su arte".

Año tras año acudía a visitar la bóveda donde tenía sus cuadros con una nueva y cada vez más joven mujer, como se lo hizo ver una vez el guardián que lo saludó al entrar. Françoise reconoció entre las telas del pintor y las de su colección (Matisse, Miró, Cézanne, Renoir, Rousseau) una tela sin firmar. El artista le explicó entonces que él sólo firmaba sus telas cuando las consideraba plenamente terminadas y que además lo hacía por seguridad, porque una tela firmada valía mucho más que una sin firma.

Françoise cuenta que recorrió con Pablo La Boétie y Boisgeloup, donde no encontró sino ruina y destrucción; además fueron a visitar el Bateau-Lavoire y las calles de sus alrededores. En una de ellas, la calle des Saules, vieja, enferma y desdentada encontró a Germaine Pichot, la mujer por quien se suicidó Casagemas, ahora olvidada y pobre. Al salir le dejaron unos cuantos francos que llenaron de lágrimas los ojos de Germaine.

Pablo seguía negociando con Kahnweiles, su marchante de arte, a pesar de que, como hemos dicho, era quien surtía las galerías estadounidenses y vendía también sus cuadros a otro competidor, Louis Carré, quien tenía una próspera galería en la avenida Messine. Los cuadros se vendían, pero los precios se habían estancado, Picasso no lograba que le pagaran más por sus obras.

Fue entonces cuando apareció el estadounidense Sam Kootz, que tenía una galería para promover a los jóvenes, en la calle 57 de Manhattan, y compró al artista nueve telas a precios muy altos. Poco a poco Kahnweiles también tuvo que ceder y pagar mejor las obras de Picasso. Él seguía siendo el principal marchante del artista y su amigo. Entre ellos surgió una amistad basada en la desconfianza y la tomadura de pelo. El marchante escribió dos obras sobre Picasso: *Las esculturas de Picasso* (1948) y *Mis galerías y mis pintores, confesiones estéticas.*

El pequeño Claude, recién nacido, llegó con Françoise en tren al golfo de Juan en julio del 47, donde había llegado unos cuantos días antes Pablo en su automóvil. La vida transcurría plácidamente entre la playa y el taller.

El curador del museo, en vista de la dificultad para conseguir fondos para adecuarlo, propuso a Picasso trasladar las obras al Museo Nacional de Arte de París. El artista se negó, pues las obras debían permanecer en el entorno que las había inspirado. Ante esta negativa, el senador Cuttoli, con quien almorzaba en un restaurante de la playa, le propuso a Picasso que hiciera una gran donación de sus cuadros para el Museo de Antibes, y para aligerar los trámites le insinuó que se hiciera nacional francés. Picasso se enfureció, golpeó la mesa con los puños, vociferó y arrojó el plato al mar. Finalmente se tranquilizó, ordenó otro plato y llegó a un acuerdo con el senador: los cuadros seguirían siendo de propiedad del artista y él garantizaría la protección y conservación del Estado. En ese verano del 47 Paulo tenía veintiséis años y Maya doce, y se reunieron con Pablo y Françoise en Antibes.

El arte se torna popular: la cerámica

Un paseo por el golfo de Juan lo llevó al encuentro con los ceramistas de Vallauris, quienes lo invitaron a visitar su taller. Los Ramié, dueños de la alfarería Madouro, habían diseñado unas piezas mejores que las típicas del lugar, caracterizadas por su mal gusto. Picasso se fascinó con la cerámica, pues combinaba tres artes: la pintura, la escultura y el dibujo. Pronto aprendió a modelar las figuras. De pantalones cortos, sandalias de cuero y camiseta a rayas descendía del Hispano-Suizo para entrar en el taller. Tenía setenta años y su vitalidad era increíble. Modelaba cabezas, cuerpos, búhos, peces, palomas; podía adelgazar mejor que nadie las paredes de las figuras. Pintaba también faunos, peces, toros y corridas sobre platos producidos en serie. Cinco años se dedicó al arte de la cerámica, hasta 1955 cuando abandonó Vallauris.

Durante este período Vallauris se transformó en un pueblo de arte que atraía a gran cantidad de turistas. Picasso mismo contribuyó a su conocimiento porque organizó en París, en la Maison de la Pensée, vitrina del partido, una exposición de sus obras de cerámica.

Olga volvió a aparecer en la vida de Picasso. Tomó una habitación cerca y salía a la playa a bañarse al lado de él. Le pedía a su ex marido que pagara la cuenta de dicha habitación. También seguía a la pareja por la calle y un buen día tomó del brazo a Pablo, quien la abofeteó.

Pero Olga insistía, y como la esposa del señor Ford, el propietario de la habitación, la había reconocido le permitió entrar todas las tardes a "tomar el té", ratos que ella aprovechaba para aclararle a todo el que preguntaba por Picasso que su marido había salido y que ella había vuelto a su lado. Françoise y Dora vivían de pelea: ésta abofeteaba a la joven amante o la esperaba afuera de su casa para lanzarse sobre ella y aruñarla.

El mal genio de Françoise obligó a Picasso a cambiar de casa. Compró un caserón feo, La Galloise, que puso a nombre de Françoise. En un día se trasladaron porque él no podía perder tiempo en eso, ni buscando algo más agradable. Por supuesto, a Françoise el gesto le pareció análogo al de Ménerbes cuando le regaló la casa a Dora para después dejarla.

La paloma de la paz

Picasso tuvo que cumplirle al partido. Tenía un compromiso para asistir en Polonia al Congreso de los Intelectuales por la Paz, organizado por Alexander Fadeiev, presidente de la Unión de Escritores. Durante la reunión, que no era más que un episodio de la Guerra Fría, Picasso habló para defender al poeta Pablo Neruda, que estaba prisionero en Chile, y Fadeiev tomó la palabra para hablar de la decadencia del arte de Occidente, lo que resultaba ser un ataque frontal a Picasso. Entre bastidores discutieron Fadeiev y Picasso. Para entonces éste no sabía del gran número de escritores y artistas que Fadeiev había hecho fusilar en Rusia, hecho que se conocería luego de su suicidio en 1956.

Las relaciones con Françoise no eran las mejores, pues Picasso se había ido por tres días y se demoró allí una semana. Dejó encargado a Marcel de escribirle telegramas diarios que remataban con un frío "muchos besos". Por eso, cuando Pablo regresó, y a pesar de los abrigos bordados que traía para su mujer y su hijo, ella lo recibió con una bofetada.

Picasso comenzó a ser un artista popular, el pueblo podía comprar sus cerámicas a precios muy asequibles y la gran prensa gustaba de recoger sus anécdotas. Usualmente no pagaba sus cuentas, sino que hacía un pequeño dibujo en el individual de los restaurantes que visitaba. Un día uno de sus dueños le pidió que pusiera debajo del dibujo su firma, a lo que Picasso respondió: "Mire, no le estoy comprando el restaurante sino pagándole el almuerzo".

También los caricaturistas jugaban con las anécdotas de Picasso. Dos mujeres se pelean y una le dice a la otra que la naturaleza no fue generosa con ella, a lo que la otra le responde: "Pues vete tú a posarle a Picasso". Un artista quiere ser cubista como Picasso y otro le dice: "pues pon el pie derecho mucho más a la izquierda".

Françoise quedó embarazada por segunda vez a pesar de las fuertes desavenencias entre la pareja. Los retratos de ésta nunca fueron amables y tiernos como los de María Teresa, Paulo, Maya y Claude. Con frecuencia disgustaban.

En 1949 Aragón visitó a Picasso para escoger entre sus cuadros uno para el cartel del primer Congreso de la Paz, que se realizaría en París en abril. Entre todas las pinturas Aragon escogió la litografía de un palomo que había tenido por modelo el ave que alguna vez le regaló Matisse al artista. A Picasso no le podía parecer más inadecuado porque era un palomo y no una paloma y porque además las palomas son animales crueles que llegan a matarse a picotazos entre ellas. Sin embargo, el símbolo dio la vuelta al mundo.

Picasso no era el pintor oficial del partido, sino André Fougeron, cultivador del realismo socialista con el que el artista español no podía estar de acuerdo.

El 19 de abril de 1949, la víspera de la instalación del Congreso de la Paz, nació el segundo hijo de Pablo y Françoise, una niña a quien Pablo no vaciló en bautizar con el nombre de Paloma. El nacimiento de la niña volvió a unir a la pareja, y la familia se llenó de una nueva vida. Hasta un nuevo perro vino a la familia. Los retratos de la niña se multiplicaron.

La Galloise comenzó a ser insuficiente, pues no sólo estaba el taller de Picasso, sino también el de Françoise, por lo cual se trasladaron al norte de Vallauris, a un antiguo almacén de perfumes que se fue llenando de cuantos objetos recogía Pablo de la basura de los alrededores. Estos objetos eran transportados por Françoise en un viejo coche de bebé.

Una segunda boda

En la alfarería de Madoura conoció a la dependiente, Jacqueline Hutin, quien sería su segunda esposa. Tenía veinticinco años, el pelo negro y unos grandes ojos negros. Nunca pensó en compartir con ella su vida. Cuando hacía grandes recepciones jamás llegó a invitarla, y en alguna ocasión la sacó de su casa con su hija; pero Jacqueline insistió hasta que logró conquistarlo.

Buscó entonces con Jacqueline una nueva casa en la Midi. Era una mansión que dominaba la colina La Californie, con una vista maravillosa sobre el cabo de Antibes y, a la vez, resguardada de las miradas por los árboles frondosos que la encerraban.

Decoraron y amoblaron la casa con elementos de las otras residencias: des Grands-Agustins, Boisgeloup y Vallauris. La completaron con cuadros y pinturas de África y una gran cantidad de cerámica. Tres perros y una cabra correteaban por la casa revolcándolo todo, lo que debía incomodar a Jacqueline, que tenía un gran sentido del orden. La nueva vivienda resultó maravillosa, quince telas de la época la evocan.

El trabajo acompañó a Picasso hasta su muerte. De esta época tardía son *Las Meninas,* 44 variaciones del cuadro de Velásquez que hoy reposan en su mayoría en el Museo Picasso de Barcelona.

A pesar del refugio que representaba, la nueva casa no era suficiente para detener el sinnúmero de turistas y visitantes, por lo que adquirió una finca de 800 hectáreas en Aix-en-Provence. La casa central era un enorme edificio del siglo xvi rodeado de cuatro torres. De la finca hacía parte Saint-Victoire, tema presente en varias telas de Cézanne.

Al alto precio de la finca hubo que sumarle la mitad de la inversión para adecuarla. Entre otras reparaciones el nuevo propietario le instaló calefacción central. Allí encontraron su espacio los cuadros de la colección: Matisse (siete obras del pintor adornaban el comedor), Cézanne, Courbet, Gauguin, Van Gogh, el Aduanero Rousseau, Le Nain...

Jacqueline prefería La Californie, pero Pablo insistía que lo acompañara en Saint-Victoire. Fue allí donde pintó la serie de veintinueve variaciones sobre *El almuerzo en la hierba* de Monet. Su palacio le recordaba El Escorial; retrató a Jacqueline con la mantilla española y le dio título nobiliario *Jacqueline de Vauvenargues*, apellido de los antiguos marqueses propietarios de su palacio.

Fue entonces cuando se casó por segunda vez ante el notario, en una ceremonia tan reservada que el propio Paulo se enteró del nuevo matrimonio de su padre por la prensa. Era una manera de agradecerle a Jacqueline su entrega y de asegurarle parte de su herencia.

A pesar de la magnificencia de su nueva residencia echaba de menos el mar. La residencia de Cannes sobre la montaña se estaba llenando de bloques de apartamentos y resolvieron comparar una nueva residencia en la colina de Mougins, muy cerca del hotel Vaste Horizon, donde el artista había pasado inolvidables veranos en compañía de Éluard y Dora Maar.

La casa que lo albergó en sus últimos doce años de existencia tenía un bello nombre, Notre-Dame-de-Vie (Nuestra Señora del Camino), pues así se llamaba la capilla del siglo XVII que hacía parte de la propiedad. Celebró con gran fiesta en Vallauris sus ochenta años el 28 de octubre de 1961. En ella participaron el ayuntamiento y el partido. Se encontraban presentes el poeta Rafael Alberti, André Malraux, ministro de Cultura, el sindicato de alfareros y gran cantidad de curiosos que lo vieron desfilar en su Lincon Continental blanco. Como complemento de la fiesta se celebró una corrida de toros con Luis Miguel Dominguín.

El Museo Picasso de Barcelona se inauguró en 1963 y ese mismo año murieron dos de sus mejores amigos, Braque y Cocteau. Cada año lo visitaba Pallarés, el amigo de juventud, cinco años mayor que él; hablaban en catalán de los tiempos de Barcelona.

Françoise Gilot publicó por entonces su libro *Vivir con Picasso,* que salió a la venta en 1965 con traducción al francés, alemán y español; ya había aparecido el año anterior en inglés. La imagen que daba del artista no podía ser más negativa. Picasso interpuso todo tipo de recursos para impedir que se vendiera, o para lograr al menos suprimir algunos pasajes, pero todo resultó en vano y, por el contrario, las ventas se triplicaron. A raíz de este episodio prohibió la entrada a su casa de Mougins a sus hijos Claude y Paloma.

Los últimos años los dedicó al grabado, en el que usaba todas las técnicas y exploraba la temática erótica, aparecía en ellos como el voyerista o mirón oculto que observaba. Había sido operado de la próstata a los ochenta y cinco años, y en sus dibujos tal vez dejaba ver el final de una faceta de su vida que definitivamente había terminado.

Sabartés murió en el 68, y su muerte resultó ser un duro golpe. Había sido su más fiel amigo y servidor. En el 61 había sufrido un derrame cerebral y había quedado hemipléjico, aunque se había recuperado pronto. Pablo le había comprado un apartamento en un primer piso para que no se fatigara. De sus amigos sólo le sobrevivió Pallarés, quien murió dos años después de él, a los noventa y ocho años.

La muerte tenía que ser vencida por el arte. En sus últimos tres años el frenesí de la creación lo llevó a pintar una profusión de telas en número comparable a la obra de un pintor prolífico.

Los temas se le imponían y los personajes parecían salir de las telas. Las series de mosqueteros fueron innumerables, 167 fueron exhibidas en el Palacio de los Papas de Aviñón.

Los signos de envejecimiento comenzaron a ser visibles, poco a poco se fue quedando sordo y se negaba a usar un audífono por no dañar su imagen de juventud que todos admiraban. Se encerró en su taller, no le gustaba recibir visitas ni siquiera la de sus amigos, a sus hijos no los volvió a ver. Y el 8 de abril de 1973 murió de una congestión pulmonar.

Cronología

1881: Nace el 25 de octubre en Málaga. Es el primer hijo de José Ruiz Blasco, pintor y profesor de la Escuela de Artes y Oficios de San Telmo; y de María Picasso López. Tres años más tarde nace Dolores y en 1887 su segunda hermana Concepción.

1888: Comienza a pintar dirigido por su padre.

1891: Se traslada con su familia a La Coruña, donde el padre trabaja como profesor de dibujo. Muere su hermana Conchita. Asiste a clases en el Instituto de La Guardia. En 1892 ingresa en la Escuela de Bellas Artes de La Coruña. Su padre le da clases.

1895: La familia se marcha a Barcelona. Ingresa en la Escuela de Bellas Artes de "La Lonja". Se salta los primeros cursos y aprueba el examen de admisión para los cursos superiores con muy buena nota.

1896: Se expone su primer gran óleo "academicista", *Primera comunión*. Al año siguiente se expone su segundo óleo *Ciencia y caridad*, hoy en el Museo Picasso de Barcelona. Con esta segunda obra obtiene una mención honorífica en la Exposición Nacional de Bellas Artes de Madrid. Su tío le envía dinero para que pueda estudiar en Madrid. Aprueba el examen de ingreso para el curso superior de la Escuela de

Bellas Artes de San Fernando de Madrid, la cual abandona en el invierno.

1898: Enfermo de escarlatina regresa a Barcelona. Permanece largo tiempo con su amigo Pallarés en el pueblo Horta de Ebro, donde realiza sus estudios de paisajes.

1899: De nuevo en Barcelona. Frecuenta el café de artistas e intelectuales Los Cuatro Gatos; allí conoce entre otros a los pintores Junyer-Vidal, Nonell, Suñer y Casagemas, al escultor Hugué, a los hermanos Soto, al poeta Sabartés. Conoce y se interesa por la obra de Toulouse-Lautrec. Trabaja de ilustrador para distintos periódicos; realiza su primer aguafuerte.

1900: Expone aproximadamente 150 dibujos en Los Cuatro Gatos. En octubre viaja a París, donde comparte un taller con Casagemas en Montmartre. Descubre las obras de Cézanne, Degas, Bonnard, entre otros. Pinta *Le Moulin de la Galette*, su primer cuadro parisino, actualmente en el Museo Salomon R. Guggenheim de Nueva York. En diciembre viaja con Casagemas a Barcelona y a Málaga.

1901: Su compañero de viaje, Casagemas, se suicida en París. Viaja a Madrid y allí es coeditor de la revista *Arte Joven*. En mayo realiza su segundo viaje a París. Monta su primera exposición en la capital francesa con Vollard, donde vende 150 cuadros antes de la inauguración. Desde ahora firma los cuadros sólo con “Picasso”, el apellido de su madre. Comieza lo que se conocerá como su período azul; sus cuadros giran en torno a temas como la pobreza, la vejez y la soledad.

1902: Vuelta a Barcelona. En octubre hace su tercer viaje a París. Se aloja en la casa del poeta Max Jacob. Con problemas económicos para comprar lienzos realiza sólo dibujos.

1903: De regreso en Barcelona pinta, en catorce meses, más de 50 cuadros, entre ellos *La Vie*.

1904: Se traslada definitivamente a París. Para entonces conoce a Fernande Olivier, quien va a ser su amante durante siete años. Visita con frecuencia el bar Lapin Agile y el circo Médrano (inspiración para temas de circo y saltimbanquis). Finaliza su etapa azul.

1905: Conoce a Apollinaire y a los hermanos Leo y Gertrude Stein. Pinta *La familia de saltimbanquis*, entre otros cuadros con temas circenses. Comienza la época rosa. En verano viaja a Schoorl, en Holanda. Realiza su primer escultura y la serie de aguafuertes *Los volantineros*.

1906: Se encuentra con las esculturas ibéricas en una exposición en el Louvre. Conoce a Matisse, a Derain y al marchante Kahnweiler. Volard compra la mayoría de los cuadros "rosa"; su situación económica empieza a ser más holgada. Visita a sus padres en Barcelona y sigue viaje a Gósol, allí pinta *La Toilette*. Influido por la escultura ibérica pinta *Retrato de Gertrude Stein* y *Autorretrato con paleta*.

1907: En julio termina su gran cuadro *Las señoritas de Avignon*, después de muchos apuntes y estudios preliminares. Éste es para muchos el primer cuadro cubista, aunque faltará un tiempo para que se dé la "invención" del cubismo. Descubre las esculturas africanas en el Museo de Etnología. Comienza el período denominado "epoca negra". Apollinaire le presenta a Braque. Kahnweiler, su único marchante, está encantado con el cuadro *Las señoritas de Avignon*.

1908: Pinta numerosos desnudos "africanos", figuras y paisajes. Georges Braque expone sus primeros cuadros cubistas de L' Estanque.

1909: Pinta *Frutero y pan sobre una mesa*, con la cual abandona la perspectiva central y la fragmentación de las formas en numerosos planos. En un viaje a Horta de Ebro pinta paisajes y retratos. Es el período más productivo de su carrera. A este período, conocido como cubismo analítico, pertenecen *La reserva, Horta de Ebro, Retrato de Fernande* y *Mujer con peras*. Expone por primera vez en Alemania en la Galería Thannhauser, de Munich.

1911: Realiza su primera exposición en Nueva York. En verano se instala en Céret con Fernande y Braque. Por primera vez introduce grafías en sus composiciones. Pinta *Hombre con mandolina*. Rompe su relación con Fernande. Conoce a Eva Gouel (Marcelle Humbert), a la que llama "ma jolie".

1912: Realiza su primera construcción con chapa y alambre y su primer collage, *Naturaleza muerta con silla de rejilla*.

1913: Fallece su padre en Barcelona. Comienza la etapa del cubismo sintético.

1914: Estalla la guerra, Braque y Derain son movilizados. Kahnweiler se va a Italia, su galería es confiscada. Los cuadros de Picasso se vuelven oscuros.

1916: Por medio de Cocteau conoce al empresario ruso Diaghilev y al compositor Satie. Trabaja en las decoraciones del ballet *Parade* para el Ballet Ruso.

1917: Viaja con Cocteau a Roma. Se une a la compañía de Diaguilev. Hace diseños para el ballet *Parade*. Conoce a Stravinsky y a la bailarina rusa Olga Koklowa.

1918: A través del ballet Picasso entra en contacto y se relaciona con la "alta" sociedad; cambia su estilo de vida. Rosenberg es su nuevo marchante. Se casa con Olga. Ese año fallece Apollinaire.

1919: Conoce a Miró y le compra un cuadro. Pasa tres meses en Londres trabajando en los decorados y vestuario para el ballet *El sombrero de tres picos*.

1920: Se estrena *Pulcinella* de Stravinsky, con decorados y vestuario de Picasso. Pinta *gouaches* con temas de *La comedia del arte*. Kahnweiler regresa del exilio.

1921: Nace su hijo Paul. En sus cuadros aparece otra vez el tema de la madre y el hijo. Sigue haciendo decorados y vestuario para ballet. Se subastan las colecciones de Uhde y de Kahnweiler, que habían sido requisadas por los franceses durante la guerra. En el verano, con Olga y Paul en Fontainebleau, pinta *Tres músicos* y varias composiciones con figuras monumentales.

1922: El coleccionista Doucet compra *Las señoritas de Avignon* por 25 mil francos.

1925: En primavera va con Olga y Paul a Montecarlo. Pinta *La danza*, cuadro en el que se alude a sus tensas relaciones con su mujer. En noviembre de ese año participa en una exposición surrealista.

1926: Realiza una serie de ensamblajes con el tema de la guitarra.

1927: Conoce en la calle a la chica de diecisiete años María Teresa Walter, que poco después se convertirá en su amante. Muere Juan Gris. Realiza la serie de dibujos a pluma de bañistas, donde se combinan sexualidad y agresión.

1928: Frecuenta el taller del escultor González, y realiza su primera escultura desde 1914. Elabora diferentes construcciones de alambre como maqueta para el monumento de Apollinaire.

1930: Entre sus obras de ese año están los treinta aguafuertes sobre las *Metamorfosis* de Ovidio.

1932: Christian Zervos publica el primer tomo del catálogo de la obra de Picasso (hasta ahora han aparecido 34).

1934: En su viaje por España con Olga y Paul frecuenta las corridas de toros. Realiza numerosos trabajos sobre este tema.

1935: Graba su ciclo de aguafuertes más importante, *Minotauromaquia*. María Teresa queda embarazada; se separa de Olga. El día 5 de octubre nace María Concepción, a quien todos llaman Maya.

1936: Expone sus cuadros en Barcelona, Bilbao y Madrid. El 18 de julio estalla la Guerra Civil española. Picasso toma partido por la República. En muestra de agradecimiento los republicanos le nombran director del Museo del Prado. En agosto se traslada a Mougins.

1937: Graba *Sueño y mentira de Franco* y luego del ataque aéreo alemán a Guernica, pinta un enorme mural para el pabellón español en la Exposición Mundial de París, *Guernica*. El Museo de Arte Moderno de Nueva York compra *Las señoritas de Avignon*.

1939: Muere su madre en Barcelona. Gran exposición retrospectiva en Nueva York con 344 trabajos, entre ellos *Guernica*.

1940: En Royan, su residencia desde hacía un año, pinta *Mujer peinándose*. Los alemanes entran en Bélgica y Francia; en junio ocupan Royan. Regresa a París.

1941: Escribe una obra surrealista, titulada *El deseo cogido por la cola*.

1943: Realiza esculturas y el ensamblaje *Cabeza de toro*. Conoce a la joven pintora Françoise Gilot, que le visita con frecuencia en el taller.

1944: Max Jacob es detenido y muere en un campo de concentración. Escultura *El hombre del cordero*. Lectura de la obra *El deseo cogido por la cola* con la participación de Albert Camus, Simone de Beauvoir, Jean Paul Sartre y Raymond Queneau, entre otros. Tras la liberación de París se afilia al Partido Comunista. Con 74 pinturas participa, por primera vez, en el Salón de Otoño; recibe fuertes críticas.

1945: Pinta *El osario*. Serie de naturalezas muertas. Comienza a hacer litografías en el taller del impresor Fernand Mourlot, en París.

1946: Visita a Matisse en Niza, acompañado de Françoise. Picasso y Françoise se hacen amantes y ella se va a vivir con él. El pintor trabaja en el Museo de Antibes y después de estar allí cuatro meses dona una gran cantidad de cuadros al museo, el cual pronto se llamará Museo Picasso.

1947: Hace litografías en el taller de Mourlot. Regala diez cuadros al Musée National d'Art Moderne de París. El 15 de mayo nace Claude, su tercer hijo. Comienza a trabajar con cerámica en la alfarería Madoura, propiedad del matrimonio Ramié. Hasta 1948 realiza cerca de 2 mil.

1949: La litografía *La paloma* es tomada como tema para el Congreso de la Paz en París. El 19 de abril nace su hija Paloma. Alquila una vieja fabrica de perfumes en Vallauris y la utiliza como taller y almacén para sus cerámicas.

1950: Realiza las esculturas *La cabra* y *Mujer con cochecito de niño*, hechas con productos de desecho y fundidas en bronce. Asiste al Congreso Mundial de la Paz, en Sheffield. Le otorgan el Premio Lenin de la Paz. En Vallauris es nombrado hijo predilecto de la ciudad.

1951: Pinta *Masacre en Corea*, como protesta contra la invasión de los norteamericanos. Exposición retrospectiva en Tokio.

1953: Se celebran grandes exposiciones en Roma, Lyon, Milán y São Paulo. Por la muerte de Stalin, hace un retrato que genera controversias con el Partido Comunista. Empieza una serie de bustos y cabezas con Françoise como modelo.

1955: Olga Picasso muere en Cannes. Exposición retrospectiva en París. Clouzot rueda la película *Le Mystère Picasso*.

1956: Ese año trabaja en una serie de cuadros sobre el taller y en grandes esculturas en bronce *Los bañistas*. Envía una carta de protesta al Partido Comunista por la entrada de los rusos en Hungría.

1957: Lleva a cabo 40 variaciones sobre *Las Meninas* de Velázquez. Se le encarga un mural para el nuevo edificio de la Unesco en París.

1959: Comienza sus versiones *La merienda campestre* de Monet. Se dedica al grabado en linóleo.

1962: Pinta más de 70 retratos de Jacqueline. Le conceden, de nuevo, el Premio Lenin de la Paz. Realiza gran número de linóleos y decorados escénicos para el ballet de París.

1963: Pinta una serie de cuadros sobre el tema el pintor y la modelo. Se inaugura el Museo Picasso de Barcelona. Mueren Braque y Cocteau.

1966: Dibuja y pinta otra vez, tras la operación; a partir del verano se dedica también a los grabados. En París tiene lugar una gran exposición con más de 700 obras que ocupan el Grand Palace y el Petit Palace; se exhiben también muchas esculturas de su colección privada.

1967: Rechaza su admisión en la Legión de Honor. Exposiciones en Londres y Nueva York.

1970: Dona al Museo de Barcelona todas las obras que se encuentran en posesión de su familia en España, obras de su juventud en Barcelona y en La Coruña.

1972: A los noventa años dibuja una serie de autorretratos. Dona al Museo de Arte de Nueva York *Construcción de alambre*, de 1928.

1973: Muere el 8 de abril en Mougins y es enterrado el 10 en el jardín del Castillo de Vauvenargues.

1980: Se celebra la mayor exposición retrospectiva de Picasso, con ocasión del 50° aniversario del Museo de Arte Moderno de Nueva York.

Glosario

Braque (Georges): pintor francés (1882-1963). Asistió a la escuela de Bellas Artes en el Havre y se inició en el fauvismo en 1906. El descubrimiento de Cézanne y su encuentro con Picasso en 1907 lo condujeron a la elaboración de los primeros paisajes del cubismo, que pronto dieron paso a las naturalezas muertas y al *collage*.

Cézanne (Paul): pintor francés (1839-1906). De formación autodidacta aunque cursó estudios en la Academia de París. Descubrió el impresionismo al conocer a Pizarro. Su obra hizo parte del fauvismo y del cubismo.

Corot (Camille): pintor, dibujante y grabador francés (1796-1875). Pintó paisajes al natural en Italia y Francia. Siguió el ejemplo de los holandeses y de los pintores al aire libre británicos para captar las variaciones atmosféricas.

Cubismo analítico: es una forma especial del cubismo que se dio en 1910. Consiste en la adopción de una multiplicidad de ángulos visuales para alcanzar una visión total y crear un "objeto estético extremadamente estructurado". En él la figura se puede recomponer porque sus trazos lo permiten.

Cubismo sintético: la fase del cubismo sintético se dio entre 1912 y 1913, a partir de la síntesis de la imagen de elementos escogidos. En él la figura no se puede recomponer porque desaparece el fondo en los cuadros y es sustituido por formas geométricas.

Degas (Edgar): pintor francés (1834-1937). Nació en un medio burgués culto. Se inició en la pintura en un taller de un discípulo de Ingres. Relacionado con los impresionistas, expuso con ellos. Siempre en busca del movimiento, realizó pinturas sobre temas de carreras, de danza y desnudos femeninos. Trabajó al pastel e hizo escultura.

Delacroix (Eugène): pintor francés (1798-1863). Primer representante del romanticismo pictórico aunque se negó a ser el jefe de la escuela. Precursor de la pintura moderna. Procedente de la gran burguesía parisiense, realizó altos estudios sobre los clásicos. Pintó grandes cuadros por pedidos oficiales y decoró varios palacios parisienses.

Derain (André): pintor francés (1880-1984). Una exposición de obras de Van Gogh, celebrada en 1901, influyó en él notablemente, así como en su amigo Vlaminck; comenzaron entonces a pintar con colores puros. Fueron iniciadores del fauvismo.

El Greco (Doménikus Theotokópoulus): pintor cretense activo en España (1541-1614). En 1577 llegó a Toledo en busca del mecenazgo de Felipe II, que nunca consiguió. Trabajó para la catedral y la iglesia de Santo Domingo. Su pintura más famosa es *El entierro del Conde de Orgaz* de la iglesia de Santo Tomé.

Fauvismo: corriente pictórica fraguada en París a principios del siglo XX. Los pintores que expusieron en el Salón de Otoño de 1905, en una sala que se bautizó irónicamente "*cage aux fauves"* (jaula de fieras), se destacan por las formas enérgicas y simplificadas. Por el irrealismo del color y por las deformaciones, se acercan al expresionismo alemán. Entre ellos están Matisse, Vlaminck, Van Dongen y Derain.

KLIMT (Gustav): pintor austriaco (1862-1918). Se encuentra entre los fundadores del Grupo Vienés; a principios del siglo XX realizó un arte específico que asoció el realismo y la fantasía ornamental, al servicio de temas erótico-simbolistas.

MANET (Edouard): pintor francés (1832-1883). Renunció tempranamente al academicismo y al influjo de las obras estudiadas en el Louvre, los Países Bajos, Alemania e Italia. Estuvo influenciado por Velázquez y Hals. Se mostró preocupado por la transposición pictórica de lo que se ve y por la autenticidad de la sensación más que por los temas. Se relacionó con el impresionismo pero no entró en la vía de analizar la luz ni fraccionar la pincelada.

MATISSE (Henri): pintor francés (1869-1954). A menudo considerado como el más grande artista francés del siglo XX, adalid del fauvismo, rechazó la experiencia cubista y se mantuvo fiel a la figuración, a la que dio admirables desarrollos gráficos y cromáticos. Influido por el impresionismo, por Van Gogh, por el arte negro y por el islam, sintetizó arabesco y color con un alto nivel de intensidad. Su producción es variada, sutil, poseedora de depuración geométrica. Durante la última etapa buscó la simbiosis de todas las artes. Dejó innumerables dibujos de estilo muy personal. Su obra escultórica (70 piezas) presenta innumerables variaciones sobre los diferentes modos de expresión en volúmenes.

Micenas, arte micénico: arte que se desarrolló en el mundo aqueo durante el ii milenio a.C.

Modernismo: estilo artístico desarrollado a fines del siglo xix y principios del siglo xx.

Monet (Claude): pintor francés (1890-1926). Pintor al aire libre, se plegó a las características de la atmósfera y la luz. Sentó las bases del impresionismo. Fragmentó la pincelada de color puro. Se interesó por los motivos difuminados bajo la influencia de Turner y estudió mediante colores puros y brillantes los efectos luminosos del agua y el aire. Buscó incansablemente reproducir los instantes más efímeros y la belleza de los instantes más fugaces.

Renoir (Pierre August): pintor francés (1864-1979). Se inició en la pintura al aire libre en compañía de Syslo y Monet. Aportó al impresionismo su vital sensualidad. En sus cuadros se aprecian unas vibraciones luminosas obtenidas por pinceladas sueltas. Influido por Rafael e Ingres, trató de reforzar la composición y el dibujo.

Rousseau (Henri, llamado "el Aduanero"): pintor francés (1864-1910). Poseedor de una técnica refinada y de una sensibilidad que lo coloca entre los mayores pintores primitivistas, supo conjugar en las composiciones la nitidez del dibujo y la armoniosa sutileza de los colores, y especialmente en las de inspiración exótica unió la fantasía a la poesía.

Toulouse-Lautrec, Henri Marie Raymond de (1864-1901): pintor, grabador y dibujante francés, fue uno de los artistas que mejor representó la vida nocturna parisiense de finales del siglo xix. Tomó sus modelos en los cabarets y en los bailes de Montmartre, en las casas públicas, en el circo o en las carreras a las que asistía. Fue uno de los artífices de los modernos carteles.

Van Dongen: pintor francés de origen neerlandés (1877-1968). Desde antes de su llegada a París (1900) su paleta, de violentos colores, y el vigor de su ejecución anunciaron el fauvismo, en el cual participó.

Van Gogh (Vicent): pintor neerlandés (1853-1890). Su vida trágica y breve se centró en la pintura, después de una experiencia pastoral entre los mineros de Borinage. Tras un aprendizaje dentro del realismo fue a París donde descubrió a los impresionistas y neoimpresionistas (Toulouse-Lautrec y Gauguin). Adoptó colores puros y simplificó las formas en una preocupación por la unidad que reforzó el importante descubrimiento de la estampa japonesa. En Provenza se dejó llevar por el deslumbramiento de los amarillos solares y por la explosión azul del cielo y de la noche. El intento común de vida y de trabajo con Gauguin terminó en un serio altercado: se cortó la oreja izquierda. Su estilo adquirió una vehemencia que lo llevó a distorsionar campos, cielos, olivares y cipreses a la vez que oscurecía su paleta con tonos ocres y grises. Después de recobrar cierta seguridad volvió a pintar temas rurales y vistas de pueblos. Se encerró en la desesperación y la soledad, se disparó un tiro y murió dos días después.

Vlaminck (Maurice de): pintor francés (1876-1958). De formación autodidacta y obsesionado por el sentido del color, que recibió a través de las telas de Van Gogh, llevó a cabo junto con Derain las explosiones más ofensivas del fauvismo.

Bibliografía

Berger, Jhon, *Éxito y fracaso de Picasso,* Debate, Madrid, 1990.

Brassaï, *Conversaciones con Picasso,* FCE, Madrid, 2001.

D'Ors, Eugenio, *Pablo Picasso,* El Acantilado, Barcelona, 2001.

Diccionario enciclopédico Larousse, vols. I-VIII, Planeta, Bogotá, 1992.

Gidel, Henry, *Picasso,* Plaza & Janés, Barcelona, 2003.

Gilot, Françoise, *Life with Picasso,* McGraw-Hill, Nueva York, 1964.

Golding, Jhon, *El cubismo: una historia y un análisis,* Rene Jullard, París, 1965.

Harris, Nathaniel, *La vida y la obra de Picasso,* El Sello Editorial, Italia, 1994.

Mailer, Norman, *Picasso,* Santillana, Bogotá, 1997.

Penrose, Roland, *Picasso,* Salvat, Barcelona, 1987.

Picasso, María, *Picasso mi abuelo,* Plaza & Janés, Barcelona, 2001.

Rodríguez Aguilera, *Picasso,* Labor, Barcelona, 1968.

Páginas web

www.tamu.edu/mocl/picasso
www.fundacionpicasso.es/
www.centrepicasso.org
www.tam.edu/mocl/picasso/news/museue.htm/
www.terra.com.co/perfiles/4-76html
www.picasso.fr/espagnol

Sumario

Este libro se terminó de imprimir en el mes de abril
de 2005 en los talleres bogotanos
de Panamericana Formas e Impresos S.A.
En su composición se utilizaron tipos
Sabon, Bodoni Poster y Akzidens Grotesk
de la casa Adobe.